自殺

末井昭

朝日出版社

自殺

まえがき

二〇〇九年に朝日新聞のインタビューを受けました。テーマは「自殺防止」でした。僕の母親が自殺していて、そのことを書いたり喋《しゃべ》ったりしているので依頼されたのだと思います。そして、二〇〇九年十月八日の朝日新聞に次のような記事が載りました。

今年は、自殺者が過去最悪ペースだそうです。見つかっていない人なんかも含めれば、もっと多いはずです。ゆゆしき問題ですよね。

僕の母親は、僕が小学校に上がったばかりのころ、自殺しました。隣の家の十歳下の青年とダイナマイト心中したんです。僕の故郷は、岡山県のバスも通らない田舎の村で、近くに鉱山があって、ダイナマイトは割と身近なものだったのです。

　物心ついたころ、母は結核で入院していて、うつるからとお見舞いも行けなかった。だから、退院したときはうれしかったですよ。治る見込みがないから退院したんですけどね。

　母は優しかったが、不良になってました。貧乏だった僕の家のわずかな家財や畑まで売ってぜいたくを始めた。昼間、父が働きにいってる間、いろんな男の人が家に出入りするようにもなった。毎日、夫婦げんかです。ある日、けんかの後、母はプイッと出て行って、数日後に爆発しました。退院から一年ちょっと。三十二歳でした（いい加減なもので、僕はこのとき母親の歳を間違えていました。三十歳でした）。

　その後、一緒に爆発した青年の両親には責められたし、事件を起こした家として白い目でみられた。だけど田舎は大きな家族みたいなものだから、学校の先生や村の人たちがよくしてくれて、それほど心に深い傷を負いませんでした。ただ東京に出てきても長い間、母のことは人に言えなかった。それでもある時、芸術家の篠原勝之《しのはらかつゆき》さんに話したら、ウケたんです。純粋な笑い話として。純粋っていうのは、同情を込めずに笑ってくれたということで、それは篠原さんの優しさだった気がします。

以後、こうして自殺についていろいろ話すようになったのですが、僕は必ずしも「自殺はダメ」とは思っていません。もちろん死ぬよりは、生きていた方が良いに決まってます。でもしょうがない場合もあると思います。人間社会は競争だから、人をけ落とさなければならない。時には人をだますこともあるでしょう。でも、そんなことしてまで生きたくないって思うまじめな人、優しい人に「ダメ」と、分かったようなことは言えないですよ。まじめで優しい人が生きづらい世の中なんですから。

でも、生きたいのにお金のことで死ぬのは、バカバカしいからやめた方がいいですよ。警察庁の二〇〇八年の統計だと、自殺の動機は経済・生活問題が二十三％で健康問題に次ぐ二位だそうです。借金なら何とかなります。僕はバブルのころ、大もうけしようと不動産や先物取引に手を出して、億単位の借金をつくりましたが、やけくそになって返すのやめました。弁護士を立てて話し合って一部の銀行の分はほぼチャラになりました。

お金持ちは「日本は自由競争で、だれにでもチャンスがある。お金がないのは、あなたが努力しなかったから。貧乏は自己責任」と言います。だけど今後、経済は縮小するし、格差も広がって、お金はますます行き渡らなくなる。だから、お金がないのは、あなたが悪いんじゃない。社会が悪い。社会が悪いのに、あなたが死ぬことはないんです。

僕自身の話をします。十年ほど前の僕は最悪でした。当時、今の奥さんと付き合っていて、三十年も一緒だった前の奥さんのところを飛び出した。四十九歳。分別盛りなのに無分別なことをするって初めは、何か格好良いみたいな気持ちもありました。だけど、今の奥さんも別の人と結婚していて、なかなか飛び出してこない。拍子抜けして、がっかりしていたらうつうつし始めた。一緒に暮らすようになっても朝、起きると「生きてても何にもおもしろくない」なんて言われて、それは自分のせいだと思ってますます落ち込む。気持ちの整理がつかなくて、泣きながら近所を歩き回ったこともありました。

そんなとき、会社のホームページに日記を書き始めました。花が咲いたとか、ひざが痛いといったほんの身辺雑記なのですが、たまに知り合いに「読んだよ」なんて声をかけられて、窓ができたような気持ちになった。死にたいと思っている時は、窓がない、出口がないと感じている。悩みについて考え始めると、人に言えなくなって、自分の中で堂々巡りが始まります。ひとりで悩んで、考えても問題は解決しない。

だから、まず「死のうと思っている」と周囲に言いふらして、窓を開けることです。死のふちで迷っている人の話は、みんな真剣に聴いてくれるはずです。話しているうちに、何とかなるのに、その発想がなかっただけだった、と気づくこともあるんじゃないかな。僕も前の奥さんと暮らしていた時、愛人からの「私、死ぬから」って電話があって、夜中の二時でしたが飛んでいきました。……。話がちょっと違いますか。

世の中、自殺について醒《さ》めているような気がします。交通事故死者の三倍も多いのに「最悪ペース」を報じる新聞の記事もあまり大きくなかった。熱心に自殺防止に取り組んでいる自治体やNPOもありますが、おおかたの人は自分とは関係ない話だと思ってるんでしょう。もしくは自殺の話題なんか、縁起悪いし、嫌だと目を背《そむ》けてる。結局ね、自殺する人のこと、競争社会の「負け組」として片づけてるんですよ。「負け組だから死んでもしょうがない」「自分は勝ち組だから関係ない」と。「ああはなりたくないね」と。

死者を心から悼《いた》んで、見て見ぬふりをしないで欲しいと思います。さっきも言いましたけど、どうしても死にたいと思う人は、まじめで優しい人たちなんです。みんなが心から悼んで、一年に三万人も死ぬ事態を議論するようになれば、何を変えなきゃいけないか見えてくる。それが一番の自殺防止になるんじゃないか、と考えています。

この記事を読んだ人から、何通かの手紙や葉書をもらいました。息子さんが自殺したお父さんから来た、「息子は優しい子でした。あの記事を読んで涙が出ました」という手紙もありました。

勤め先の白夜《びゃくや》書房に訪ねて来た人も一人いて、その人は中年の男性でした。お母さんと二人でユートピアのような生活をしていたそうですが、最愛のお母さんが亡くなってしまったので、自殺を考えているということでした。いきなりそんな話をされて、どう対応していいのか戸惑いました。それで、楽に死ねる方法をあれこれ研究されているようで、それを本にしてもらいたいと言うのですが、結果的に自殺を勧める本になるので断りました。それ以後会っていないのですが、その人がどうなったかときどき気になります。

それから半年ほどして、朝日出版社の鈴木久仁子さんから、自殺について本を書いて欲しいという内容の手紙が来ました。「えっ、また自殺?」とそのとき思いました。あのときの自殺志願の人のことが頭をよぎりました。自殺のことを迂闊《うかつ》に書けば今度は何が来るかわかりません。しかし、それを断れば、僕が「おおかたの人は、自殺する人を自分とは関係ないことだと目をそむけている」と言ったことに、間接的になるんじゃないかと思ったりしました。そうは思いながらも、楽しんで書ける原稿じゃないので気乗りがしません。

鈴木さんの手紙には、面白く読める自殺の本がないので、そういう本を書いて欲しいと書いてあったのですが、「面白い」と「自殺」が僕の中で結びつかず、どうしようか迷っていました。そして、迷いながら鈴木さんと会うことになりました。

僕もそうですが鈴木さんも人見知りする方らしく、会話が途切れ途切れになりながらも、熱心に自殺の原稿を書くことを勧めてくれました。僕は断ろうと思っていたのですが、鈴木さんの熱心さに断りきれず、書くかどうかを曖昧《あいまい》にして、自殺について思っていることの断片をボソボソ話したと思います。

それからときどき、鈴木さんと会うようになりました。ときには「自殺の現状」とか「自殺実態白書」とか、自殺に関する資料など持ってきてくれるのですが、そういうのを見ると余計に書く気が起こらなくて、申し訳ないと思いながら、いつの間にか一年近く経っていました。

そして、あの東日本大震災が起こりました。二万人の犠牲者を出した大災害でした。あまりにも大きな災害に、驚いたり悲しんだりするばかりでしたが、そのうち落ち着かない気持ちになってきて、自分も何かしないといけないのではないかと思うようになりました。漠然とですが、何か人の心に届くようなことがしたいと思うようになったのです。

といっても、僕は原稿を書くことぐらいしかできないので、いま自分に与えられている「自殺について書く」ということに取り組んでみようと思い始めたのです。しかし、自殺に関する知識があるわけでもないし、統計的なことにはまったく興味がなかったので、書くとすれば自分の体験を書くしかありません。

僕はこれまで自殺しようと思ったことは一度もありません。しかし、母親が自殺したり、借金地獄になったり、うつになったり、恋人が自殺未遂したり、自殺の入口のようなところにいたことが何度かあります。僕がデリケートな人間だったら、ひょっとしてその入口をくぐっていたかもしれません。そのときのことを面白く書ければ、「こんな奴でも生きていられるんだ」と、笑ってもらえるかもしれません。笑うということは、自殺スパイラルから抜け出すことにもつながるのではないかと思いました。

ということで、「朝日出版社第二編集部ブログ」で、二〇一一年の五月から『自殺』という連載を月一回のペースで書かせてもらうことになりました。この本は、その連載を一部加筆してまとめたものです。

この連載が後半に差しかかった頃、担当の鈴木さんが「『自殺』は月に一度のオアシスです」というメールをくれました。安らぎになっているのかなと思って嬉しくなりました。僕も毎回書くときはつらいのですが、書き終わったときは達成感のようなものがあり、いつも嬉しくて小躍りしたりしていました。そしていつの間にか、『自殺』が自分の生きがいのようになっていたのでした。

二〇一二年に会社で不祥事があり、責任をとって辞めることにしたのですが、辞めてから自分が何をしたらいいのかわからなくなるのではないかという不安がありました。でも『自殺』があるから大丈夫だ」と思ったら、不安はなくなりました。『自殺』がオアシスだったり、生きがいだったり、不安解消だったり、自殺しようとしている人には大変申し訳ないのですが、『自殺』に助けられたように思います。

連載を始めてからツィッターをやるようになったのですが、『自殺』を読んで「救われる」とか「グサーッときた」とか「面白くて一気に読んだ」とか呟《つぶや》いてくれる人がいて、その人たちにもずいぶん励まされました。そして、なんとか二年間書き続けることができました。

自殺というとどうしても暗くなりがちです。だから余計にみんな目をそむけてしまいます。自殺のことから逸脱したところも多分にあると思いますが、笑える自殺の本にしよう、そのほうがみんな自殺に関心を持ってくれる、と思いながら書きました。この本を読んで、ほんの数人でもいいから自殺していく人のことを考えてくだされば、少しは書いた意味があるのではないかと思っています。

目次

地震と自殺

グラグラッと来たとき会社で会議をしていました。ビルの六階にある会議室だったのでかなり揺れました。

生まれて初めて体験する激しい揺れだったので、来るぞ来るぞと言われながらも、なかなか来ない関東大震災が、ついに来たかと思いました。喜んだわけではないのですが、正直言うと少し気持ちが高揚《こうよう》していたかもしれません。

半ばやけくそで（推定）近所の男と心中した、気性の荒い母親の血を受け継いでいるからかもしれませんが、自暴自棄になるというか、何もかもメチャクチャになってしまえ、というような気持ちになることがときどきあります。

なぜそういう気持ちになるのか自問してみると、世の中のシステムや、規則や、保守的な風潮やらを、素直に受け入れることができないことが一番の要因だと思うわけです。当たり前ですが、自暴自棄になれば社会からつまみ出されるだけで、何もいいことはありません。だから、なんとかメンタルバランスを取りながら、なるべく社会の規律を守って、波風立てず、なるべく穏やかに日々を過ごしているわけですが、そうしているとウツウツした気持ちになってきます。だから、日常が急激に変わるような一発！　を、どこかで望んでいるようなところが、ないとは言えません。

二〇〇八年のリーマン・ショックが起こる直前のことですが、そういうウツウツした気持ちが続き、何をするのも嫌になり、精神科に行ったことがあります。精神科の医師に「夜眠れないし、朝起きるのも辛いし、会社にも行きたくないし……」と言うと、「あ、それはうつ病です」と言われ、わずか五分でうつ病になってしまいました。こんなに簡単にうつ病になるんだったら、世の中うつ病だらけになると思ったりしたのですが、うつ病だと診断されるとますます元気がなくなり、会社を三ヵ月休みました。

僕の場合、うつにならない秘訣《ひけつ》はとにかく忙しくすることなので、うつ対策のために意識的に多くの仕事を抱えるようにしたのですが、それが功を奏してか、それからはなんとなく躁《そう》状態になっているようです。

そのことも関係していたかもしれませんが、さっき遠慮して「高揚していたかもしれません」と書いたことですが、はっきり言うと、確かに、高揚していました。

それで、会議が終わったあとテレビを見てみると、震源地は宮城県沖で、東北地方が大変なことになっているようでした。

そのあと、渋谷で打ち合わせがあったので駅に行きましたが、電車が動いていません。携帯電話も通じません。タクシー乗り場に行くと、一〇〇人ぐらいの人が並んでいるのに、タクシーは一向に来る気配がありません。

何をしているのかわかりませんが、多くの人が道路に溢《あふ》れていて、公衆電話には長蛇の列ができていました。街全体が騒然としていて、その非日常感にさらに高揚して、自分がなんだかお祭りモードになっていたようです。

電車もタクシーもダメなら、歩いて渋谷まで行ってみよう、途中で何か面白い光景が見られるかもしれない、と考えたりしたのですが、高田馬場《たかだのばば》から渋谷まで歩くと、おそらく一時間半ぐらいはかかるのではないか、そうすると約束の時刻をだいぶ過ぎてしまって、相手は帰ってしまうかもしれないと思って、行くのはやめることにしました。相手だって来られるかどうかわかりませんから。

ということで、会社に戻ってみんなとまたテレビを見ました。どこかの地域で「津波で二〇〇人から三〇〇人の死者が出ている模様」と放送していました。ずいぶんアバウトじゃないかと思いましたが、そのアバウトさで、想像を絶する大災害であることが薄々わかってきました。

でもまだ、そのときは他人事でした。テレビは僕の机の横にあって、みんなが集まってザワザワしていて仕事が手につかなかったので、会社を出てパチンコに行くことにしました。

僕は、二十年来のパチンコ中毒というか、パチンコを打っていると気持ちが落ち着くので、ウツウツしたり、モヤモヤしたり、あるいは何もすることがないとき、たいていパチンコ店に飛び込みます。僕にとって、パチンコ店が病院のようなものです。そういう人間もいることを石原都知事（震災後、石原慎太郎都知事はパチンコバッシングをしていました）にわかってもらいたいと思うのですが、無理な相談なのでしょうか。

この日も、いつものようにパチンコに行っただけのことですが、大災害が起こっているときなので、なんとなくうしろめたい気持ちがありました（いつもパチンコをやっているときは、若干のうしろめたさを感じながらやっているのですが）。しかし、パチンコで生計を立てている身ですから（白夜書房はパチンコ雑誌で成り立っているので）、地震直後の店内の様子を見ておこうという使命感もあり（勝手にでっち上げた自分への言い訳ですが）、いつも行っているパチンコ店に入りました。

普段なら、台が空いてないぐらい混み合う時間ですが、店内はガラガラで、いつもより暗く、寂しい感じがしました。再びさらに大きな地震が来たら、天井から降ってくる大量の銀玉に埋まって死ぬんだろうなとか思いながら、その光景を想像するとおかしくて、こんな日に真剣にパチンコ台に向かっている周りの人もおかしくて、ニヤニヤしながら打っていたかもしれません。

短時間のパチンコですからいつも負けてばかりですが、なぜかこういう日に限って勝ったりするんですね。一時間半で六万五千円も勝ちました。これでまた気分が高揚して会社に戻り、またテレビを見ました。仙台空港の滑走路に津波が押し寄せるところが、まるで映画のワンシーンのようで、現実感がない感じがしました。

交通手段がないため家には帰れないので、会社に残っている人を誘い、今度は麻雀《マージャン》に行くことにしました。僕はパチンコも好きですけど、麻雀も大好きです。ボロボロのビルの四階にある雀荘《じゃんそう》に行くと、若い店員が一人でテレビを見ていて、お客は誰もいません。「このビル大丈夫?」などと冗談で言うと、「たぶん大丈夫ですよ」と、笑いながら言います。その「たぶん」という言葉に、「なかなかいい奴だな」と思ったのでした。

その雀荘で、余震でグラグラ揺れながら、朝まで貸し切り状態で麻雀をやったのですが、自分も含めてそこにいる四人が、まったく地震のことを心配しないことが、またおかしくなりました。

そういう不埒《ふらち》なお調子者ですが、その後テレビで悲惨な状況を見るにつれ、他人事ではなくなりました。自分も何かしないといけないのではないかという気持ちにだんだんなってきて、落ち着かなくなっていくのでした。

死亡者は当初数千人という報道でしたが、それが行方不明者を含め二万人以上ということになり、ますます落ち着かなくなりました。しかし、そういう気持ちになったのは、犠牲者の数だけではなく、家族を失った人や、家をなくして避難所で暮らす人たちの、個々の様子をテレビで見てからです。

心を打たれたのは、東北の人たちの謙虚さでした。暖房がない避難所に薪《まき》ストーブが運び込まれたとき、「暖かいです。ほんとうに最高です。ありがとうございます」と、お婆《ばあ》さんが言っていました。絶望的な状態にある人たちが、みんな「ありがたいことです」「ほんとうに感謝しています」と言っているのです。悲しみをいっぱい抱えているのに、それが愚痴になったり、恨《うら》みの言葉になったりしないで、感謝の言葉になっている。その純真な謙虚さに心を動かされました。そして、多くの人が被災者を助けたい気持ちになっていることにも驚きました。世の中変わるんじゃないかと思ったのです。

震災直後、パチプロの人たちをインタビューする仕事をやっていたのですが、ある意味社会に背を向けているパチプロたちなのに、彼らも寄付をしたり、ボランティアに行きたいと言っているのです。会社の人たちも「何かしないといけないんじゃないですか?」と言っている。テレビでやたら流し始めた公共広告はソフトなファシズムみたいで気持ち悪かったけど、みんなが何か協力したいと思っているのは事実です。

とりあえず、僕にできることは寄付ぐらいなので、いくばくかの金額を日本赤十字社に振り込み、それで少し気持ちが楽になりました。それは偽善かもしれませんが、偽善でもいいのではないかと思いました。偽善からでも、誰かのことを本気で思う気持ちが生まれることだってあると思います。

地震から十日ほど経って、友達の巻上公一《まきがみこういち》くんがやっているヒカシューというバンドのライブを観に行きました。巻上くんは、地震のすぐあとトゥバ共和国に行ったらしいのですが、そこで日本大使のような扱いを受け、大統領にも会い、みんなから「大丈夫か?」と心配されたそうです。

巻上くんが言うには、ロシアも家と職をなくした人をシベリアに迎える用意がある、と言っていたそうです(それに対して誰かが「シベリア送りか」と言ったそうですが……)。世界はもっとクールだと思っていたので、世界中が善意に満ちていることに、またまた驚きました。

いまから二十年ほど前までは、日本は経済的に強い国でした。バブル経済の頃は、世界中の不動産を買いまくって、世界中からひんしゅくを買っていました。ところが、バブルが崩壊してから日本は弱い国になり、地震でさらに弱くなりました。「日本は強い国だ」とか「日本の力を信じている」だとか、テレビの公共広告では言っていますが、「弱い日本」というのもいいのではないかと思います。国でも人でも、強い者は周りに迷惑をかけますから（いま日本は放射能で周りに迷惑をかけていますが……）。

地震から三週間ほど経って、荒木経惟《あらきのぶよし》さんの写真展に行きました。荒木さんは、「写真は津波に勝てないよ」と笑いながら言っていましたが、確かに人の心をこんなに動かすということでは、芸術は津波には勝てなかったのかもしれません。勝ち負けの問題でもないのですが、「津波に勝てない」ということがおかしくて、一緒に笑っていました。

僕は、人は自分のことしか考えないものだと、諦《あきら》めているところがあります。そのことを絶望と言うのだと思っています。

経済が下降していくここ二十年の間に、自己責任とか格差社会という言葉が横行しました。競争社会の中で、ますます他人のことなどかまわなくなり、弱い者が切り捨てられるようになりました。

しかし、その反面、人は自分のことしか考えられないようにできている、とも思います。誰でも、自分の利益を、自分の名誉を、自分の命を、優先します。僕も「そんなこと言うなら、お前は誰かのために死ねるか！」と言われれば、「それはちょっと……」と言うしかありません。

しかし、競争社会の中で勝者になって金と地位と名誉を手に入れても、それが幸せと言えるのでしょうか。人を蹴落とせば、自分が孤独になっていくような気がします。

自分のことしか考えないことと、人のことを考えることが、まったく相反することではなく、本当は表裏一体ではないかと思ったりもします。

誰かの役に立ちたいと、本当は誰もが思っている。そういう気持ちが根底にあるからこそ、大勢の人が東北の被災者のことを思い、励まし、協力しているのではないでしょうか。誰かのためになる、誰かのことを真剣に思うことで、人は孤独ということから逃れられ、気持ちが豊かになるのかもしれません。だから、自分のことしか考えないことと、人のことを思うことは、自分の幸せを考える意味では、表裏一体だと思うのです。

人は自分のことしか考えないということが絶望だとしたら、人のことを真剣に考えることは希望です。だから世界は希望に溢れていると、僕は驚きながら思ったのです。

多くの人が今回の大地震で亡くなりましたが、それ以上に、日本では年間三万人もの人が自殺している事実があります（二〇一一年当時）。

僕が自殺のことを考えるときは、電車が遅れたときです。（これを書いている）今日も、駅のホームの電光掲示板に、どこかの駅で人身事故があったことがスクロールされていました。人身事故のすべてが自殺ではないかもしれませんが、たいてい誰かが線路に飛び込んで亡くなっているのです。

僕もそうですが、人身事故の表示を見て「ああ、会社に遅れる」と誰もが思うわけですが、一年ほど前、田園都市線のある駅で、駅のホームから飛び込んだ人の死体が白い布に包まれ、台車に乗せられ、改札口から出て来るのを見たときはかなりショックで、なぜ自殺したのだろうかということを、あれこれ想像しました（しかも、その日は友人のお葬式で、その帰りでした）。

僕は、自殺が悪いこととも、もちろん、いいこととも思っていません。どうしても生きることがつらくて自殺しようとする人に、「頑張って生きようよ」と言うつもりはありません。ただ、競争社会から脱落して自殺する人に対しては、自分も加害者の一人ではないかという気持ちが、少しはあります。

自殺する人はみんな孤独です。孤独に、ひっそり死んでいくのです。誰にも見向きもされないで、自殺者は死んでからも孤独です。

僕は二十代の頃、自分も孤独だけど、人もみな孤独を抱えていて、みんなバラバラに生きているのだと思っていました。すでに死刑執行されましたが、連続射殺魔と呼ばれた永《なが》山則夫《やまのりお》の、孤独の極地とでもいうような「無知の涙」という詩に、自分の孤独を重ねて、孤独のロマンティシズムに酔っていたようなところがありました。

「独《ひと》りで誕《う》まれて来たのであり　独りで育って来たのであり　独りでこの事件をやったのであり　とある日　独りで死んで逝《ゆ》くのだ　そこには　他との関係は一切れも存在しないまるで　路傍の小石のように」と。

しかし、自分が孤独だと思っていたのは、自意識のせいだと思うようになりました。自意識が強くて、人を避けていただけのことだったのです。

人は人とつながることによって、自分の中に力や勇気や充実感が湧いてきて、心がウキウキしてくるのです。人はそういうふうにつくられているのではないかと思います。

今度の大地震が、人と人がつながるきっかけになればいいと思っています。人と人がつながり合っていれば、自殺する人も減るだろうし、放射能だって怖くはないですから。

「放射能、みんなで浴びれば怖くない」です。

母の自殺

空気中に放射線が混じっているとはいえ、うららかな五月の日曜日、「今日は母の日だから、お母さんにお線香あげたら?」と妻の美子《よしこ》ちゃんが言うので、父と母の位牌《いはい》が入っている小さな仏壇を開け、お線香を立てて手を合わせ(バチ当たりなことに、普段はこんなこと、まったくしないのですが)、ついでに母の位牌をひょいと取り出し、裏を見てみると「昭和三十年十二月十九日　俗名末井富子《すえいとみこ》　行年三十歳」と書かれていて、あらためて「そうか、十二月だったんだなあ」と思って、母が可哀想《かわいそう》になったのでした。

母は亡くなる一週間ほど前、父と大喧嘩したあと、着の身着のままで家を飛び出し、二度と帰って来ませんでした。着物一枚で山の中にいたのだから、相当寒かったのではないかと思います。その寒さの中で死を決心したと思うと、可哀想で仕方がありません。

母のことを、子供のことは考えない身勝手な人だと思ってきましたが、僕はもう母の倍以上生きてきたので、そう思えるようになったのかもしれません。だって、三十歳といえば、僕の子供のような年齢ですから。


僕が生まれ育ったのは、何もない岡山県の山奥でした。

十年ほど前、河原で拾った石ころしか置いてなかった母の墓を新しく作ることになって、そのとき僕の家があった場所に美子ちゃんを案内したことがあるのですが、周りを見回していた美子ちゃんがポツリと一言、「猿じゃない……」と呟《つぶや》きました。最初はなんのことだろうと思いましたが、おそらく猿とは僕のことです。周りは山ばかりで、とても人間が住むようなところではないと思ったのでしょう。ちなみに、美子ちゃんは東京生まれの東京育ちです。

いまは舗装された立派な道路が通り、岡山から高速を使えば車で四、五十分で行けるところですが、僕が子供の頃は、バスが一日二往復、しかも家からそのバス停まで四キロもあり、岡山まで行くのも半日がかりでした。

産業は、これを産業と言えるかどうかわかりませんが、炭焼きと農業でした。農業といっても平地がほとんどないわけですから、狭い田んぼで、かろうじて一年間食べられる米を作るのがやっとでした。

山のところどころに炭焼き小屋があって、土で作った大きな窯《かま》がありました。この窯に木材を詰め込み、火をつけて、火が回ったところで土で窯を封じ、四、五日そのままにしておくと炭ができます。炭を焼いている窯は暖かいし、焼き上がるまで誰もいませんから、ひょっとして母はその炭焼き小屋に身を潜《ひそ》めていたのかもしれません。

村の人たちの現金収入の道は、その炭を売ることと、何に使うのかよくわからないクレーという鉱石を掘り出す鉱山で働くことで、父もそこで働いていました。

父は戦争中満州で家族を持っていたのですが、引き揚げ船の中で妻を亡くし、男の子が一人いたのですが、その子を親戚に押しつけ、あちこち彷徨《さまよ》っているうちに、末井家に婿《むこ》養子で入って来ました。

僕が生まれた頃は、まだ祖父母がいたのですが、祖父が亡くなったことはまったく覚えてないので、僕が生まれてすぐ亡くなったのではないかと思います。

僕は母親に抱かれた記憶がまったくありません。親戚の人に聞くと、よく祖母に背負われていたようで、出ない祖母のオッパイに吸いついていたそうです。母に愛情がなかったわけではなく、すでにその頃から母は病気だったのかもしれません。

母の病気は肺結核でした。僕が三歳のとき弟が生まれましたが、そのすぐあと祖母も亡くなり、その頃から母の病気が重くなり、町の病院に入院することになりました。

その頃の肺結核は不治の病で、しかも人に伝染《うつ》るタチの悪い病気でした。母が入院している病院に一回しか連れて行ってもらえなかったのは、病気が伝染ることが原因だったからだと思います。しかし、その一回が、僕にとってはかなりのカルチャーショックでした。

その病院がある町は、いま行けばしょぼい小さな町ですけど、山奥しか知らない僕には大都会に見えました。商店街を見るのも、映画館を見るのも、車が通ったあとの排気ガスの匂いを嗅《か》ぐのも、何もかも初めて体験することで、何もない山奥に比べれば、そこは食べ物も豊富にある楽しい場所に思えました。都会への憧れはこのとき芽生えたのだと思います。

母の病室にはベッドがあって、ラジオが置いてあって、花や人形が飾ってありました。それまでベッドやラジオや花がある部屋なんて見たことがなかったので、まったく別世界のように思えました。

その町へまた行きたいと思ったのか、母に会いたいと思ったのか、四、五歳の頃、自力で町まで行こうと決心したことがあります。いま考えれば、田舎から脱出したいという気持ちも潜在的にあったのかもしれません。

一大決心をして家を出たものの、子供ですから歩いてそんなに遠くには行けません。四キロほど離れたところに、村に一軒しかない食料品などを売っている雑貨屋さんがあって、そこを通ったのは覚えています。そこから少し行くとポツンと駐在所があって、その駐在所には巡査の一家がいたのですが、その巡査がピストル自殺してからは無人になっていて、その駐在所の前を通るとき、すごく怖かったことを覚えています。そこから先は記憶にないのですが、おそらく誰かに連れ戻されたのでしょう。

母が入院したあと、父は弟をどこかの家に預け、僕を連れて鉱山に行っていました。鉱山の一日のスケジュールは、午前中は前日爆破した鉱石をトロッコで運び出し、午後は切端《きりは》にノミで四つか五つ穴を空け、そこにダイナマイトを詰めて、タバコの火で導火線に火をつけ、鉱道から外に出た頃ドーンとダイナマイトが爆発して夕暮れを迎える、というものでした。そのドーンが、五時のチャイムじゃないですけど、のどかな夕暮れの合図のようなものでした。

田舎に託児所があるわけはなく、二人の子供の面倒をみながら働くのは大変だったようで、すぐに僕と弟は別々に親戚の家に預けられることになりました。

僕が預けられた親戚の家には、男女取り混ぜ、子供が五人もいました。長男は中学を出て山仕事をしていたので、一緒によく山に連れて行ってもらいました。あとの四人の子供たちは僕と年がそれほど離れていなかったので、チャンバラをやったり女の子とはお医者さんゴッコしたり、それなりに楽しい毎日だったのですが、食事のときになると、なんとなくガツガツ食べるのは悪いと思い、ご飯一杯で我慢したりしていました。このとき、遠慮するということを覚えたのだと思います。

母が退院して家に帰って来たとき、僕は小学校に入学していました。といっても、僕は小学校に他の子供より一年早く入学していて、複式学級で一年生と二年生がいる教室の一番うしろに机を置いてもらって、一年生の勉強をしていました。たぶん、学校に行かせておけば手間が省けると思って、親戚か父が小学校に頼み込んだのだと思います。学校の成績がいつも一番だったのは、一年生を二回やって勉強に弾《はず》みがついたからです。

母が家に帰って来たときは、僕は準一年生として学校に行っている頃で、学校から帰ったら母が家にいてびっくりしたことを覚えています。

母が帰って来たことは、もちろん嬉しかったのですが、それより嬉しかったのは、美味しいものが食べられるようになったということです。

村に食料品を売る小さなトラックが来ると、母は真っ先に缶詰やらお菓子やら魚肉ソーセージやらを買っていました。「えっ？　美味しいものって、魚肉ソーセージ？」と思う方もいらっしゃるかもしれませんが、その頃の魚肉ソーセージは、いまの魚肉ソーセージとまったく違うものでした。いや、魚肉ソーセージ自体は何も変わっていませんが、魚肉ソーセージに対する思いが、いまとではまったく違います。初めて見るあのピンク色の食べ物、それまで味わったことのないあの人工的な味、こんなに美味しいものが世の中にあったのかと思いながらかじっていました。魚肉ソーセージに対する思いは僕だけでなく、学校に魚肉ソーセージの弁当を持って行くと、みんなから羨《うらや》ましがられたものです。松茸《まつたけ》を焼いて醬油《しょうゆ》に漬けたものなんかをオカズに持って行くと、みんなからバカにされ、恥ずかしいから隠して食べていました。いま考えればずいぶん贅沢《ぜいたく》なオカズですけど、その頃は社会的にも松茸に価値がなかったのです。

帰ってきた母は、食べ物の贅沢だけでなく、お化粧したり、洋服を買ったりして、質素に地味に暮らす村の人たちとはまったく違っていました。そういう母に、僕は町の匂いを感じていて、母をみんなに自慢したい気持ちがありました。

しかし、そういう生活にはお金が必要で、お金のために、わずかな田んぼも全部売ってしまったので、米は近所の家から買わなければならなくなり、もともと貧乏だったのですが、我家はますます貧乏になったのでした。

母が帰って来たのは、病気が治ったからではなくて、すでに肺結核が第三期に突入していて、もう治らないと医者に見捨てられたからです。それはあとになって聞いたことですが、当然母はそのことを知っていたはずで、残り少ない人生を、半ばヤケクソに、やりたいように過ごそうと思っていたのかもしれません。

そのうち、学校から帰ると、男の人が来ていることが多くなりました。男の人が来ると、町で買ってきたお土産《みやげ》なんかをくれるので嬉しかったのですが、僕と弟が家から追い出されるのが、なんとなく腑《ふ》に落ちないというか、変な感じがしていました。

家に男の人が出入りするようになるにつれ、夫婦喧嘩が絶えなくなりました。僕は二人が喧嘩しているのが嫌で、喧嘩の間は布団を被《かぶ》って耳を塞《ふさ》いでいました。そして、あるとき、ついに父が大きな火鉢を母親に投げつけるという大喧嘩が始まって、その火鉢は母に当たらなかったのですが、母は血相を変えて家を飛び出し、そのまま二度と帰って来なかったのです。

最初はすぐに帰って来るものと、父も思っていたかもしれません。しかし、二日経っても三日経っても帰って来ないので、ついに町の警察に捜索願いを出し、父もあちこち探していたようですが、まったく行方がわかりませんでした。

それからしばらくして、学校の先生から「末井くん、すぐ帰りなさい」と言われて、理由もわからないままトコトコ歩いて家に帰ると、大勢の人が家の周りに集まっていました。町から警察のジープも来ていました。何が起こったのかわからなかったのですが、なんだかお祭りみたいな雰囲気にワクワクしたことを覚えています。

母は二十二、三歳の若い男の人と、ダイナマイト心中しました。相手は、隣の家の一人息子でした。場所は家から近い山の中で、山仕事をしている人が、犬がワンワン吠えるので行ってみると、バラバラになった死体があったそうです。腸が木の枝に掛かっていたそうで、その爆発力から推測して、おそらくダイナマイト五、六本まとめて爆発させたのではないかと思います。

ダイナマイトは父が鉱山から一箱持って帰り、家の床の下に置いていました。もちろん自殺に使うためではなく、畑の邪魔な岩を取り除くときに使ったり、魚を捕ったりする、主に平和利用のためのものでした（喧嘩のとき、相手を脅《おど》すために腰に差したりしていましたけど）。母がそのダイナマイトを持ち出したのか、隣の男の人が調達したのかわかりませんが、ダイナマイト心中というのは派手だったらしく、山陽新聞にも小さな記事が載ったそうです。

死体はバラバラだったので、その場で焼いて、どっちがどっちの遺骨かわからないので、母の墓には着物の切れ端しか入ってないと、あとから聞きました。

二人の体が混じり合い一緒になるために、ダイナマイトを何本も使ったのでしょうか。抱き合って、その間にダイナマイトを差し込み、導火線に火をつけたのでしょうか。火をつけた瞬間、二人は何を考えていたのでしょうか。ゴダールの『気狂いピエロ』のように、慌てて導火線の火を消そうとしなかったのでしょうか。爆発したあとも、意識はしばらく残るのでしょうか。爆発のドーンという音は、鉱山のドーンのように、のどかに山々に響いたのでしょうか。

父のショックは大きかったと思います。この事件のあと、父は働く気力もなくなったのか、鉱山には行かなくなり、家でゴロゴロしていました。田んぼはなくなり、収入もなくなって、食べ物にも困るようになりました。

村では貧乏は差別の対象ですが、それに心中事件も加わり、わが家は村の人たちから特別な目で見られるようになり、特に一人息子を亡くした隣の家とは、お互い避けるようになりました。父が引きこもりになったのも、村の人と顔を合わせたくなかったからかもしれません。

僕は、母が家を飛び出したあと、母を一度見ています。夜中に目が覚めると、暗がりに母が立って、ジッとこっちを見ていたのです。それが自殺する前だったのかあとだったのか定かではないのですが、自殺の前だったら、母は死ぬ前に一目子供を見ておこうとしたのかもしれません。自殺のあとだったら……幽霊《ゆうれい》です。しかし、そこに母がいることに何も違和感を感じなくて、「ああ、お母ちゃんが帰って来たんだ」と思って、安心して眠ったのでした。

死ぬ前に子供を見に来たのか、幽霊だったのか、あるいは夢だったのかわかりませんが、母との時間ということでいえば、このときのことが一番記憶に残っています。

母の墓を建てることになって、何十年振りかで田舎に帰ってみると、僕が育った村は「ふるさと村」というミニ観光地になっていました。民宿やら民族資料館やらレストランやらイノシシ牧場やら、外国人専用の国際交流ヴィラといったものまでありました。

美子ちゃんは田舎が好きで、母の墓を建てたあとも何度か「ふるさと村」を訪れ、父母の墓参りも何度かしました。

「ふるさと村」には、頂上から十三州が臨めると言われている高い山があり、晴れた日は瀬戸内海や四国の山々を見ることができます。美子ちゃんとその山に登り、村を見下ろしながら、僕が子供の頃よく山に登っていた話をしました。山に登って遠くを見るのが好きで、山の向こうに行きたい、山の向こうに幸せがあるのだろうといつも思っていたと話すと、「お母さんがダイナマイト自殺したから、この村に縛りつけられずにすんだんじゃないの?」と美子ちゃんは言うのでした。

確かに、村でそれなりに幸せに暮らしていたら、東京に来ることもなかったかもしれません。そして、こうして原稿を書いたりすることもなく、美子ちゃんと出会うこともなかったはずです。

母は爆発して、僕や弟を村から吹き飛ばしてくれたのかもしれません。

いじめと自殺

小学校三年生のとき、僕は疫痢《えきり》に罹《かか》りました。夏休みに入る一ヵ月ほど前のことでした。疫痢は赤痢《せきり》の重症型の病気です。赤痢菌は主に食べ物や飲み物から感染するのですが、カワニナを石で割ってチュルッと食べたり、生梅を何十個もガリガリ食べたり、桃やらトマトやらは落ちてるものでもそのまま食べたり、食べられそうなものはなんでも食べていたので、いま思えば疫痢になって当然だったかもしれません。

疫痢は当時法定伝染病に指定されていて、患者を隔離しないといけなかったのですが、なにせ岡山の山奥の、村自体が隔離されているようなところだったので、病院などあるわけもなく、ボロボロのわが家でただただ寝ているしかありませんでした。

どのくらいボロ家だったかというと、藁葺《わらぶ》き屋根はところどころ腐っていて、雨の日は部屋のあちこちに洗面器やら鍋やらを並べなければなりません。ピッチャン、ポッチャンという雨音を楽しみながら、なんていう風流なものではありません。夕立のときなんか、家の中にいるのか外にいるのかわからなくなるぐらいの雨漏りで、布団を濡れない場所に移動したり、畳を拭《ふ》いたりしながら、降る雨を呪ったものでした。

台風のときはもっと大変で、雨漏りだけでなく風で家がグラグラ揺れるので、父親は丸太で家につっかい棒をし「おめぇら、逃げ〜！」と叫びながら、まるで家と心中でもするかのように大黒柱にしがみついていました。そういうときは弟と近くの竹やぶにある小屋に逃げます。生い茂った竹林が風を弱くしてくれるので、その小屋にいれば安全なのです。

障子を開けると縁側に野ウサギがいたり、寝ていると頭をムカデが這《は》ったり、鴨居《かもい》の上を蛇が這っていたり、それがボタッと畳の上に落ちてきたり、自然と一体というか、自然の驚異にいつも怯《おび》えなければならない家でした。

そのボロ家の仏壇がある奥の間に布団を敷《し》いて、僕は寝ていました。最初の頃は発熱と下痢が続き、五分おきぐらいに便所に行きたくなります。便所は家の外にあり、肥《こえ》だめの上に板を渡したような簡素な作りで、ウンコの跳ねっ返りを防ぐためかなり高い位置にあり、下を見るとヘドロ状のウンコにウジがウヨウヨしていて、思わず目をそむけたくなるような、家の中で一番呪われた場所でした。疫痢の前だったかあとだったか忘れましたが、僕は一度そこに落ちたことがあって、危うく糞《くそ》まみれになって死ぬところでした。便所に行くのも命掛けなのです。

這うようにして便所に行き、見上げると青い空にモクモクと白い雲が浮かんでいます。夏は友達と水遊びをしたり、弟と畑のスイカを盗みに行ったり、本来なら楽しい季節なのに、自分だけが一人ポツンと取り残されているような悲しい気持ちになりました。いまでも夏の青い空と白い雲を見ていると、寂しいような悲しいような気持ちになってくるのは、そのときのことが思い出されるからだと思います。

そのうち便所に行っても水のようなものしか出なくなり、意識は朦朧《もうろう》としてきます。枕元の上に、雑誌の付録だったか買ってきたものか忘れましたが、回り灯籠《とうろう》がぶら下がっていて、そのゆっくり回る影絵をボーッと眺めながら、漠然と死のことを思っていました。死の間際、過去のことがいろいろ思い出される様子を「走馬灯《そうまとう》のように」と言いますが、僕もそのとき、走馬灯の影絵のように、いろんな思い出がボンヤリ浮かんでは消えていたように思います。

疫痢のほうは、父親がやむなく町から呼んできた医者に、一本五万円（いまの五十万円くらい）もするペニシリン注射を勧められ、そのペニシリンで助かったのですが、あまりにも高かったので、父親は注射してもらうかどうかしばらく考え込んだそうです。貧乏でお金がなかったから仕方がないのですが、自分の子供が死にそうなときに金勘定することはないだろうと、あとになって思いました。あのとき父親が金勘定のほうを優先していたら、僕はたぶんこの世にいなかったと思います。

ペニシリンのおかげで、夏休みが終わる頃には疫痢はすっかり治っていて、二学期から学校に復帰することになりました。

小学校は山の中にポツンとあって、みんな何キロもの道を歩いて通います。全校生徒は六十人ぐらいの小さな学校で、二つの学年が一つの教室で勉強する複式学級でした。そんな学校だったので自慢にもならないのですが、僕は成績がいつも一番で、父親もそれが自慢のタネでした。だから、僕は学校に行くのが大好きで、しかも久し振りの学校だったので嬉しくて早く行ったのですが、なんだかみんなの様子がおかしいのです。教室に入って来る誰もが、僕を見ると視線をそらします。声を掛けても誰も返事をしてくれません。「あれっ?」という感じです。まるで僕がいないかのようにみんなが振る舞います。

酒鬼薔薇聖斗《さかきばらせいと》と名乗る少年が、新聞社に送った犯行声明文に「透明な存在であり続けるボク」と書いていましたが、そのときまさに自分が透明人間になったような気がしました。

無視されるだけではありません。体育の時間にソフトボールをすることになったのですが、僕が使ったバットもグローブも、誰も使おうとしません。なぜそうするのか理由がわからなかったのですが、僕が何か汚いもののように思われていることだけは確かでした。

それからは、体育のときは自主的に見学するようになりました。先生は僕の病気がまだ完全に回復していないと思っていたようで、休んでも何も言いませんでした。

体育のときみんなが運動しているのを、校庭の隅に座って見ているのはつらい時間でした。みんなから汚いと思われているんじゃないか、笑われているんじゃないか、とか思いながら、体育が早く終わって欲しいと思っていました。

僕は運動神経がわりといい方だったので、ソフトボールやドッジボールが好きだったのですが、この頃からスポーツ全般が嫌いになり、昼休みにみんなが校庭でソフトボールをやっているときは、二宮金次郎の銅像の陰に隠れて、ノートに先生の似顔絵を描いたり、友達を呪う言葉を書いたりする暗い子供になっていました。

あとでわかったことですが、僕は疫痢ではなく肺結核に罹ったということになっていました。当時、肺結核は肺病と呼ばれ、村では肺病になった人のことを「肺病たれ」と言っていて、大人たちの間でも差別の対象になっていました。隣の男とダイナマイト心中した母親が肺結核第三期だったので、そういう噂が広まる要因は確かにあったと思います。みんなは、僕に近づいたり、僕と話したり、僕が触ったものに触ると肺病が伝染《うつ》ると思っていたようです。

僕が学校を休んでいる間にそれをみんなに言いふらしたのは、僕より一学年上のTという男の子だということをしばらくして知りました。

Tの父親は、僕の父親と普段から仲が悪く、お祭りのときに、僕の父親がダイナマイトを腰に差し、Tの父親が猟銃を持ち出すという大喧嘩をしたことがあります。そのとき父親は、猟銃の柄《え》で首のあたりを殴られ血だらけになりました。父親はそれを恨みに思い、血だらけのシャツを証拠物件として町の警察に訴えました。

村には警察がありません。前にも書きましたが、僕が生まれる前に巡査がピストル自殺してから、駐在所は無人のままでした。僕は大人になってから、ひょっとしてその巡査は自殺したのではなく、村人に殺されたんじゃないかと思うようになりました。喧嘩があっても、泥棒があっても、夜這《よば》いがあっても、だいたい村の中で折り合いをつけていましたから、警察は事を荒立てるだけの迷惑な存在だったのです。

村に警察のジープが来て、Tの父親が取り調べを受けました。父親は「ざまぁみろ」とでも思っていたかもしれませんが、父親がやったことは村の掟《おきて》に反する行為です。そういうことがあったので、Tの父親に逆恨みされ、それが子供に伝わり、僕がいじめられることになったのかもしれません。

しかし、そういうことはあとになって思ったことです。Tが言いふらしたことがわかってからは、僕はTを恨み、家に火をつけてやろうとまで思っていました。

Tの家はお宮さん（神社）の鳥居の脇にある、瓦屋根《かわら》に漆喰壁《しっくいかべ》の立派な家でした。火をつけても燃えにくいということもあったのですが、お宮さんのタタリがあると思って、結局実行に移しませんでした。僕が犯罪者にならなかったのはお宮さんのおかげです。

四年生になった頃には誤解も解け、僕はいじめられなくなったのですが、その後の自分の成り行きを考えると、いじめられたときはつらかったけど、逆にそれが良かったのではないかと思っています。

僕は、家が貧乏というマイナス要因を除けば、成績も運動神経も良くて、背も高く、母親がいないということで担任の女の先生が優しくしてくれて、学芸会で使う猿のシッポも先生がわざわざ作ってきてくれました。だから、自分が特別な存在のように思っていて、得意になっていたと思います。そういう人間は、得てしていじめられるよりいじめる側に立つものです。

よく平気で人を傷つけるようなことを言ったり、やたら威張《いば》る人がいますが、そういう人を見ると「ああ、この人はいじめられたことがないんだな」と思ったりします。そういう人は、いじめているという意識もないまま平気で人をいじめますから、人に恨まれていることも知らないで、気がついたら家が燃えていたということだってあるかもしれません。恐いですよ、人に恨みをかうことは。いじめる側にならなくて、つくづく良かったと思います。

僕が五年生になった頃、村に初めて外食産業ができました。町からホルモン屋一家が引っ越して来たのです。そこの子供が、民族問題もあってみんなからいじめられました。学校の帰りに校門のところではやし立てられ、石を投げられたりしていましたが、僕はその子をかばっていつも一緒に帰っていました。

そのうち、その子が売り物のホルモンをアルミのおかず入れに入れて、僕だけに持ってきてくれるようになりました。山奥の村では肉なんかめったに食べることができないので、ホルモン焼きはご馳走《ちそう》です。人をかばうといいことがあるんだなあと思いました。「偽善者か、お前は」というような話ですが。

僕は紆余曲折《うよきょくせつ》はありましたが、結果的に雑誌の編集という「表現」に関わる仕事をやるようになって、いろんな人に出会えたし、それなりに評価もされたので、この仕事ができて本当に良かったと思っているのですが、これもいじめられたことが幸いしているのではないかと思います。

いじめられる前も、どこか人と距離を取るようなところがあって、一人でいることは結構多かったのですが、学校でみんなから無視されるのは孤独なものです。もちろん、いじめられている頃は「孤独」なんていう言葉はまだ知らなかったのですが、一人でノートに絵を描いたりすることが多くなったりして、それがのちに自分がグラフィックデザイナーや編集者になることにつながっていると思います。僕の家が裕福で、母親が心中なんかしないで、疫痢にも罹らず、いじめにも遭《あ》わなかったら、僕は田舎に縛りつけられたまま、いま頃は町会議員でもやっていたかもしれません。

いじめられた子供が自殺するたびに、いじめ問題がマスコミで大きく取り上げられるようになりました。二〇一二年九月十二日の朝日新聞によると、二〇一一年度の全国の学校が把握したいじめ件数は七万二百三十一件だそうです（文部科学省が発表）。二〇一一年に起きた大津市中学校のいじめ事件もそうですが、いじめを学校側が把握していない場合が多いので、実際はこの数倍はあるのではないかと思います。少なくとも十数万人の子供たちがいじめられているのではないでしょうか。

いじめられる側にも問題があるという人もいますが、僕は自分がいじめられたことがあるので、無条件にいじめるほうが悪いと思っています。

僕は、いじめの加害者は人をいじめることで快感を得る精神異常者だと思っていましたが、そんなに簡単なことではないようです。『いじめの構造』（森口朗《あきら》著、新潮新書、二〇〇七年）という本を読むと、社会学者の内藤朝雄氏の「いじめの発生メカニズムモデル」を参考にして、いじめの加害者は、自分の「癒《いや》し」のためにいじめるのだと書いています。

要約すると、人には「無条件的な自己肯定感覚」があり、それを基礎に現実社会を生きている。人々は様々な否定的体験（迫害、拘束、無力感、苦痛、屈辱、不運など）に出会っても、この「無条件的な自己肯定感覚」を支えに、否定的体験を乗り越えていく。しかし、迫害や拘束、学校独特の心理的距離の強制的密着などが過度になるとそれが破壊され、否定的体験を受け止めることができなくなり、体験にリアリティーが失われる。次に強烈な精神的飢餓《きが》を生じさせ、全能欲求を生み出す。全能欲求は夢想やゲーム、漫画の主人公への自己投影などで処理されるが、ときに「いじめ」という行為で全能欲求を具現化しようとする人がいる。

ですから、いじめの加害者にとって、いじめは同時に「癒し」でもあります。それゆえ、彼はいじめの被害者が自分の思い通りにいじめられてくれない時には、「癒されるべき自分が癒されない＝被害者」であるかのような憤怒《ふんぬ》を覚えます。このような怒りは理不尽この上ないものですが、被害者意識に取り憑《つ》かれた加害者は、さらにいじめをグレードアップさせてしまうのです。

（森口朗『いじめの構造』新潮新書）

「癒し」効果は一時的であり、「精神的飢餓（欠如）＝いじめの動機」は常に再生産されます。それゆえ、いじめが自主的に止まることはほとんどない、とあります。

「癒し」でいじめられるのはたまったものではありませんが、いじめは増えていくことはあってもなくなることはないということです。学校だって本気でいじめをなくそうとは思っていません。見て見ないふりをしているところがほとんどだと思います。

学校というところは、社会のしきたりを教えるところです。勉強の内容よりも、時間を守り一日のサイクルを知るとか、規律を守り集団に溶け込むとか、将来良き勤め人になるように指導されるところです。だから社会の縮図のようなもので、いじめは学校でも、当然社会に出てからもあります。そういう社会で生きていく覚悟を決めるしかないのです。

いじめられて、自殺するところまで追い込まれたら、ひきこもってしまえばいいのです。ある期間、学校や会社と遮断《しゃだん》してしまえば状況も変わります。みんなと同じ時間軸で生きていく必要なんかありません。一年ぐらい休んだって、長い人生から見れば微々《びび》たるものです。

また一人で何かやりたい人にとっては、学校なんて必要ないのです。勉強しようと思えば、学校なんか行かなくてもできます。やめちゃえばいいのです。

何年か前に同窓会があって、小学校の同級生にも何十年振りかで会いました。そのとき一緒に行った妻の美子《よしこ》ちゃんが、同級生に僕がいじめられたときのことを聞いたら、「そんなことあったかなあ」と、覚えてないようでした。僕も当時のことが聞けると思って期待したのですが、往々にしていじめた側は簡単に忘れてしまうものなのでしょう。

僕はいじめられて良かったと思っているので、同級生を恨んでいるわけではないのですが、いじめられた側はそのことがいつまでも記憶に残っているものです。

世間サマと自殺

僕が住んでいるのは、世田谷の住宅街にある築三十年ぐらいのプレハブみたいな一軒家ですが、周りには立派な家が建ち並んでいます。家の前にはわりと広い道路が通っているのですが、一方通行ということもあって車があまり通らないので、猫たちが外で遊んでいてもそれほど心配にはなりません。

夜はほとんど車が通らないので静かなものです。近くに大きな公園もあり、住むには申し分ない環境ですが、夜散歩などしていると、SECOMのカメラに監視されているような気がして、空《あ》き巣《す》の下見に間違えられるといけないので、キョロキョロしないように歩いています。

いつだったか、家の前に長い間路上駐車している車があったのですが、誰かが一一〇番通報したとかで、パトカーが来て車の持ち主を探しているようでした。車はほとんど通らないので、路駐していても誰にも迷惑にならないと思うのですが、一一〇番通報した人は、近くに無人の車が置かれていることを不審に思い、すごく不安になったのでしょう。

なんでもないことですが、僕はこういうことがすごく気持ち悪くて、この場所に住む息苦しさのようなものを感じます。路上に長時間車を止めることは道路交通法違反ですから、警察に電話することは、正しいか正しくないかということで言えば正しいのでしょうが、そんなことでわざわざ一一〇番しなくてもいいのではないかと思います。しかも一一〇番した人は自分の名前も所在も言わなかったようで、それがなんだか不気味です。なんとなく僕ら夫婦の行動も、誰かにジッと監視されているのではないかという気になったりします。

こういう自分の手は汚さないで、自分たちに都合の悪いもの、不安になるものを排除しようとする意思を、僕は「世間サマ」と呼んでいるのですが、近年頓《とみ》に息苦しさが増している原因は、世間サマが増長しているからではないでしょうか。

僕が『写真時代』という雑誌を編集していた頃の話です。『写真時代』は一九八一年に創刊になって、一九八八年に廃刊になった雑誌で、荒木経惟《あらきのぶよし》さんや森山大道《もりやまだいどう》さんの連載をメインとする写真雑誌でしたが、エロの要素も強く、そのため毎月警視庁に呼ばれて始末書を書かされていました。

警視庁の保安課に属する風紀係は、主に猥褻図画《わいせつとが》、猥褻映像、猥褻文書を取り締まる部署で、係官たちはその仕事を毎日やっているわけです。僕が呼ばれることは彼らの仕事の一環ですから、「お役目ご苦労さん」という気持ちで毎月警視庁に通っていました。僕の役目は、係官の言う猥褻の基準スレスレに雑誌を作ることで、その基準線を越えないよう充分注意していました。警視庁の猥褻基準さえ守っていればいいと思っていたのです。

ところが『写真時代』の発行部数が二十五万部を越えたあたりから、青少年の健全な育成を守る会みたいなところから、お宅の会社はどういう趣旨であaいう雑誌を出しているのか意見を聞きたい、というような電話が頻繁《ひんぱん》に入るようになりました。今後も続けるなら、条例で販売できないようにするという脅しつきです。

警視庁の猥褻基準は毎月呼ばれているのでわかるのですが、その人たちの基準というものは皆目《かいもく》わかりません。何がダメかは言わなくて、こういう内容のものを出されると困ると言っているだけなのです。不買運動や県条例に引っ掛からないようにするには、ただただ闇雲《やみくも》に自主規制するしかないわけです。そういう基準のよくわからない、世間サマの基準のようなものを意識しないといけないと思うようになったとき、なんだかやる気がなくなってしまいました。

『写真時代』は警視庁の違う部署から摘発されて廃刊になってしまったのですが、そのあとロリコン雑誌の創刊号を作ったきりで、エロに関する雑誌はそれ以降一切作っていません。ひたすら自主規制するエロ雑誌なんて、面白くもなんともないものです。

警視庁は国家権力の出先機関です。国家権力の背後には、軍隊という暴力が控えています。ですから、徹底的に国家権力に逆らえば、最後は殺されることになります。そういう権力構造はわかりやすいし、それに対するやり方もいろいろ考えられますが、世間サマの抑圧に対してどう対処すればいいのか、僕にはさっぱりわかりません。世間サマは、青少年をどう健全に、どう育成しようとしているのでしょうか。

この前、都内の三番館で『トゥルー・グリット』という映画を観ました。十四歳の少女が二人の保安官と、父親を殺した犯人を追跡するという西部劇ですが、三人の犯罪者が公衆の面前で縛り首になるシーンがあって、当時はこういう残酷な処刑が行われていたんだなあと思って観ていましたが、考えてみればいまも同じことをやっているわけです。違うのはそれが秘密裏《ひみつり》に行われているということだけです。

殺人事件の犯人が裁判で無期懲役の判決を受けたとき、その被害者の家族がテレビのインタビューで「残念です。極刑にして欲しかった」と言っているのを見てゾッとしますが、被害者の家族の心情よりも、被害者の家族の発言をさも正義のように放送するテレビ局と、それを見て被害者の家族と同じ気持ちになって「殺せ！」と思っている世間サマにゾッとするわけです。いかなることがあっても人が人を殺してはいけない、というようなことを決してテレビで言わないのは、そんなことを言うと世間サマから抗議の電話があるからです。世間サマは、自分の手を汚さず平気で人を殺すこともあるのです。

自殺ということは、世間サマにとってあって欲しくないことです。より良い学校を出て、より良い会社に入り、より良い行いをし、より良い暮らしをすることが善という世間サマの物差しに、自殺ということは当てはまりません。世間サマの目から見れば、自殺者は単なる脱落者です。だから、自殺した人の葬式では、世間サマの目を気にして、死因はたいてい心不全ということになっています。

僕は工場というものに憧れていて、高校を卒業したあと大阪にあるステンレスの線を作る工場に就職しました。研究室みたいなところで働くのではないかと勝手に思っていたのですが、配属されたのは工場の現場で、ステンレスの太い線をダイヤモンドの穴に通し、それをウィンチで巻き取って細くするのが仕事でした。二十四時間操業で、一週間おきに勤務時間がずれる三交替制で、夜勤のときは工場の騒音がだんだん気持ち良くなってきて眠くなります。ついウトウトしていると、ステンレスの線がパチンと切れて「おー、危ない危ない」という危険な職場でもあったのです。

夜勤明けのときはいつも、工場の煙突に登って朝の空を眺めていました。田舎にいたときは、山に登って遠くを眺め、この山の向こうにあるどこかの工場で早く働きたいと思っていたのですが、希望に胸を膨らませ、入った工場は、地獄でした。工場に憧れていたのは単にその外観だけで、中で何が行われているのか想像していなかったのです。

その工場から脱出する決心をしたのは、入社三ヵ月目、新入社員全員が自衛隊に体験入隊させられるということがわかったときです。会社に言うと止められるので、寮の友達だけに言って、布団袋を担《かつ》いで、無賃乗車で父親が出稼ぎに行っている川崎へ逃げました。

父親と狭いアパートに住み、今度は自動車工場で働くことになったのですが、もう工場で働くということに希望が持てなくなっていました。同僚は、僕が定年退職を迎えたとき、中途採用だからみんなより退職金が少なくなるとか、聞きたくもないことを親切に教えてくれたりするのですが、「えっ、みんないつもそんなことを考えているの？　それ何十年も先の話でしょ」と、心の中で思ったりしました。

週末、渋谷や新宿に遊びに行ったとき、デザイン学校のポスターを見かけ、グラフィックデザインという仕事があることを知り、工場で働きながらデザイン学校の夜間部に通うようになりました。僕は漫画を描くのが好きで、漫画家になるのが夢でしたが、漫画では喰《く》っていけないと思って諦《あきら》めていました。しかし、デザインなら喰っていけるのではないかと思ったのです。これが表現ということに目覚めるきっかけでした。そして、世間サマの束縛から逃れるきっかけでもあったと思います。

それまで母親の心中のことは誰にも言いませんでした。学校の友達や会社の同僚にそういう話をしても、雰囲気が暗くなるだけで、誰も聞きたくないだろうと思っていたからです。僕自身も、母親のことを肯定できていなくて、人に言いたくないと思っていたかもしれません。

しかし、グラフィックデザイナーの横尾忠則《よこおただのり》さんや粟津潔《あわづきよし》さんに憧れるようになって、表現ということに目覚めると、考え方が逆になりました。母親が心中した特殊な家庭環境で育ったことは、自分が表現者として選ばれたということではないか、と思うようになったのです。つまり、自意識が膨らんでしまったということです。

デザイン学校を半年でやめて看板会社に入った頃は、人間の中にあるドロドロした情念を表現するということに凝《こ》り固まっていたので、看板やディスプレイのデザインをしてもおどろおどろしいものばかりで、周りからはたぶん「あいつ何を考えているんだ」と思われていたはずです。もちろん、僕がデザインするものはほとんど採用されませんでした。

そんな中で、唯一わけのわからない僕のデザイン論を真面目に聞いてくれる年上の人がいて、やっと本当の気持ちを話せる人ができたと思って、喫茶店でモダニズムデザイン批判をまくしたてていました。母親の心中の話をしたのはその人が最初です。でも、何回かその話をすると「それが末井くんの売り物なんだね」と言われて、それがかなりショックで、それからは母親のことを話すのはやめました。

母親の心中のことを平気で話せるようになったのは、編集者になってからで、ゴールデン街の飲み屋で、クマさんこと篠原勝之《しのはらかつゆき》さんにその話をしたら、「おー、すごいじゃないか」とウケたときからです。拒絶されるのでも、同情されるのでもなく、それも良しと受け止めてくれる人がいたのです。それからは「それが売り物だね」と言われても、「売り物にしてなぜ悪い」と思えるようになったのでした。

人身事故、つまり電車に人が飛び込むのが一番多いのは、月曜日だそうです。

学校でいじめられたり、会社で孤立したり、業績が上がらず上司から嫌味ばかり言われたりしている人には、休み明けの月曜日はつらいかもしれません。しかし、早まって電車に飛び込まないでください。そういうときは反対側のホームに行き、逆方向の電車に乗ることです。

僕も会社に行きたくないとき、逆方向の電車に乗ることがたまにあったのですが、行き先が決まっているわけではないので、適当な駅で降りて、駅の周りをブラブラ歩き回ったりして、最終的にはパチンコ店に入るぐらいなのですが、それでも気分は少しは変わります。

会社や学校やアルバイト先に行く電車が世間に向かっているとすれば、逆方向の電車に乗ることは、世間に背を向けることです。世間の尺度から離れて、できれば一生世間から離れて生きていけば、世間の煩《わずら》わしさに悩むこともありません。

そんなことを考えているとき、ふと入った本屋さんで『生きづらさの正体　世間という見えない敵』というタイトルが目に入りました。まさに自分が考えていることと同じだと思って、その本を即購入して読みました。

この、ひろさちや氏の本は、夏目漱石《そうせき》の三部作『三四郎』『それから』『門』、カフカの『変身』、旧約聖書の「ヨブ記」を題材に、世間から外れた者が、世間からどういう扱いをされるかが書かれていました。

世間というものは幽霊のようなもので、幽霊にびくびくしている人に幽霊が出るように、世間を怖がる人に世間圧が掛かってくる。しかし、革命運動家やアウトロー、世間に反抗する若者たちには、世間のほうが恐れて世間圧は掛からない、と書かれています。そして、

いいですか、あなたは世間から、良き夫、良き父、良き会社員であることを期待されている。あなたは良き夫、良き父、良き会社員であらねばならないのだ。

しかし、あなたは、絶対に、

――真の人間――

であってはならない。あなたは良き人間であらねばならないが、あなたは真の人間であってはいけないのだ。もしもあなたが真の人間であろうとすれば、それは世間の禁忌《きんき》に触れたのであって、あなたは「深海魚」に変身させられてしまう。

（『生きづらさの正体　世間という見えない敵』日本文芸社、二〇一一年）

という箇所に、なるほどと思いました。「深海魚」とは、社会からバッシングされ、世間という大海の底に深く潜って、あまり動かずひっそりと生きなければいけないことを、

著者が比喩として使っている言葉です。

世間サマは良識のある善良な人を歓迎しますが、真の人間を嫌うのです。真の人間とは、人間らしく生きることを望み、人としてどう生きたらいいのかを問い直し、その答えを求めようとする人です。

では、なぜ世間サマは真の人間を忌《い》み嫌うのか。それは、自分たちが信じているものが、脆《もろ》くも崩れ去ってしまうからです。

真の人間から見れば、世間なんて映画のセットの書き割りかハリボテのようなただの見せかけです。世間サマが価値としているものは、ただの「存在のうわべ」です。そんなものに価値なんかありません。

世間になんの疑いもなく順応し、生きていくことになんの苦痛も感じない人は、自殺なんて考えないでしょう。

しかし、世間にどうしても収まることができず、その軋轢《あつれき》で自殺を考えている人は、世間に背を向けて生きればいいのではないかと思います。それが自由ということです。自由とは輝かしいものではなく、孤独で厳しいものですが、真の人間として生きる喜びがあるはずです。

僕は真の人間になったのかどうかはわかりませんが、世間サマの束縛から逃れられたことによって、少なくとも何十年か先の退職金のことを考える人よりは自由になり、母親の心中のことも平気で話せるようになりました。そして、無念な思いで自殺した人たちに対して、少しは悼《いた》む心を持てるようになったのではないかと思います。

観光気分で被災地巡礼

震災から四ヵ月経って、我々夫婦は津波の被災地を見に行きました。被災地を見に行くことに積極的だったのは、妻の美子《よしこ》ちゃんでした。震災二ヵ月後ぐらいから「行ってみない？」と盛んに言うようになりました。地元の鉄道会社がやっている、被害の大きかったところをバスで巡る被災地ツアーがあるとか、それに参加するには災害復興に関する調査をしているということが前提になるとか、ネットでいろいろ調べているようでした。

曖昧な返事をする僕に、「テレビの報道だけではわからないよ」と言うのですが、被災地を観光客のように見て廻るのは、家族や友人を亡くした人やボランティアで行っている人に申し訳ない気もするし、悪臭だとか蠅《はえ》の異常発生だとかホコリがすごいとか聞いているし、行ってみようという気がなかなか起こりません。それに、ノンフィクション作家の吉田司《つかさ》さんが、「東北に行くと魂を抜かれる」と言っていたこともなんとなく気になっていました。

吉田さんは仏教カルチャー誌『Fukujin』十五号（白夜書房）の座談会で、日本列島は昔から西と東で民族的情念が交差している。東のパワーが隆起《りゅうき》したとき西がしりぞき、西のパワーが支配するときは東が雌伏《しふく》する。この歴史的法則に則《のっと》って、被災者は流民となって西日本に潜伏し力を溜めよ、と言っています。

その『Fukujin』十五号発刊記念トークショーでは、国会議事堂周辺を被災者が取り囲めば政治家も震え上がるだろうと話していたので、吉田さんが被災地に行ってそれをオーガナイズするのかと思っていたら、「東北に行くと魂を抜かれるから行かない」と言うのです。

東北出身の吉田さんが言う「魂を抜かれる」という言葉には、吉田さん自身の体験や、歴史的な意味があるのでしょうが、僕はそのとき二万人近い津波の犠牲者のことを考えていました。犠牲者の人たちの中には、まだ遺体が発見されていない人もいます。葬式も出してもらえなかった人も多いと思います。成仏《じょうぶつ》できない多くの霊がいると思うと、「魂を抜かれる」という言葉がリアリティーを持ってきます。被災地に行くことに消極的だった大きな理由はそれかもしれません。

僕は田舎で育ったので、子供の頃は霊の気配をしょっちゅう感じていました。どこかの家で死人が出ると、村中に霊気が漂っているようですごく怖かったものです。近所のお婆《ばあ》さんが死んだすぐあと、その霊に引かれるように、その家のお爺《じい》さんが死んだこともありました。

新墓には、四十九日間明かりを灯《とも》すのが習わしでした。母が死んだあと、お墓に明かりを灯しに行くのは僕の役目でしたが、ダイナマイト心中という不自然な死に方をしたということは子供心にもわかりますから、お墓に行くのが怖くて仕方がありません。何が怖いのかというと、霊としか言いようがありません。だから、母のお墓に恐る恐る行って、提《ちょう》灯《ちん》にロウソクを灯したら一目散に逃げ帰っていました。

霊の存在を科学では証明できません。だから、科学では霊はいないということになっていますが、霊がいるかいないかということで言えば、僕はいるというほうに少し針が振れています。そして、霊はいないと断定するより、いるかもしれないと思っていたほうがいいのではないかとも思っています。

僕は東京に住んで四十年以上になりますが、東京では霊の気配を感じることはありません。霊の気配を感じるには闇と静寂《せいじゃく》が必要ですが、節電で多少町が暗くなったとはいえ、東京には闇がありません。田舎の一メートル先も見えない闇は本当に怖かったものですが、最近はそれが逆に懐かしくなったりします。

霊を恐れることは、死者のことを想うことです。死者を敬い、死者を悼《いた》むことにもつながることだと思うのです。

前置きが長くなりましたが、そんなことをウジウジ考えて、被災地に行くのが延び延びになっていたのですが、七月の初め、盛岡に行く用事ができたので、ついでに被災地を回ろうということになったのでした。ついでですから、気楽に、観光気分で回ることにしようと思いました。

盛岡に行く用事というのは、銀杏BOYZのライブを観ることです。我々夫婦が追っ掛けをやっている銀杏BOYZが、水戸、福島、仙台、盛岡でライブツアーをやるということを知って、最初と最後の水戸と盛岡だけはぜひ行こうということになったのでした。

久し振りに観る銀杏BOYZのライブはすごかったのですが、そのことを書くと長くなるのでやめます。その夜は盛岡のビジネスホテルに泊まって、翌日、レンタカー屋さんで小さなクルマを借りて、いよいよ被災地に行くことになりました。

といっても、どこに行ったらいいのかわからなくて、レンタカー屋さんの受付の男の人に「被災地に行きたいんですけど、どこがいいですか?」と、ちょっと遠慮気味に聞きました。僕らみたいな観光気分の野次馬がいっぱい来て、うんざりしてるんじゃないかと思ったりしたのですが、「田老《たろう》がいいんじゃないですか?」と、観光名所を案内するように、親切に地図を広げて行き方を教えてくれました。観光気分という軽い罪悪感が、少し薄らぎました。

盛岡から国道一〇六号線を二時間近く走り、宮古《みやこ》に着きました。宮古も被災地なのですがここは通り過ぎて、言われた通り田老に向かいました。

トンネルを抜け山間《やまあい》の道を少し走ると、家も田んぼも流されてしまった荒涼とした風景が突然視界に現れました。田老です。何もなくなってしまったところに、道路だけが真っすぐ伸びています。

被災地の様子はテレビで見ていますが、実際に現場に行くとそのスケール感に驚かされます。車を降りて、しばしその光景に呆然《ぼうぜん》としたあと、海岸の方に歩いてみました。瓦礫《がれき》はあらかた撤去されていて、悪臭もしません。まだ解体されないで残っている家やビルの壊れ方を見ると、津波のすごさがあらためてわかります。海岸沿いには、潰《つぶ》れた車の山ができていたり、こんなに冷蔵庫があったのかと思うくらい冷蔵庫だけが山のように積まれたりしていました。

田老の端から端まで続く、国内最大級と言われている防波堤の上に登ってみました。高さは優に一〇メートルはあります。この防波堤を乗り越えた津波は、一五〇〇軒の家々を壊し、二〇〇人近い人々を飲み込んでしまいました。まさか、この要塞《ようさい》のような防波堤を津波が乗り越えるとは、誰もが想像もしなかったのではないでしょうか。

僕は一軒の「解体」とペンキで書かれた家に入ってみました。家の中は津波にあったときのままで、大きな仏壇が傾いて泥まみれになっていました。そのそばの瓦礫の中に、壊れた車椅子がありました。お年寄りがいたのでしょうか。この家の人たちはどうなったのか気になりました。

外では、小さなブルドーザーで瓦礫撤去をしているおじさんと美子ちゃんが立ち話をしていました。あとで聞くと、津波の難を逃れた猫がその家に戻っていて、飼い主がいなくなっているから、おじさんが餌《えさ》をあげているのだそうです。猫はだいぶ弱っていて、それをカラスが狙っているので、猫は家から出て来ません。おじさんは、もうじき撤去作業が終わって別のところに行くので、猫に餌をあげられなくなると言っていたそうです。優しい人だなと思いました。

その日は釜石《かまいし》まで見て廻る強行スケジュールだったので、長居はできません。海のほうに向かって合掌《がっしょう》して、僕らは田老をあとにしたのでした。

田老から、宮古、山田町、吉里吉里《きりきり》、大槌《おおつち》町と、海岸沿いに南下しました。

山田町のカレー屋さんで食事をしたのですが、そこのご主人に東京から被災地を見に来たことを話すと、「ぜひ見てください。見て欲しいんです」と言うので、その言葉にまた観光気分の罪悪感が薄れるのでした。

そのカレー屋さんは、前にある小山のおかげで津波の被害を免れたのですが、その山から外れたところは家が全部なくなっていました。外に出てタバコを吸っていると、ご主人も出て来て、周りの被害状況や粗末な仮設住宅の話をしてくれました。岩手の人は話好きなのか、津波でテンションが上がっているのか、なかなか話が止まりません。美子ちゃんも出て来たので、「じゃあ、そろそろ」と言って行こうとすると、「あのお、お勘定《かんじょう》」と言って、奥さんが飛び出して来ました。話に夢中になって、知らずに無銭飲食するところでした。

船越《ふなこし》だったか、場所は忘れましたが、建物が全部なくなったところにポツンと一軒、八百屋さんがありました。津波で蔵だけが残って、そこにテントを張ってお店をやっているのです。なんだかインドに来たような気がしました。サクランボがあったので買ったのですが、佐藤錦《さとうにしき》二パックが五百円という、驚くような安さでした。

沿岸部はどこも全滅ですが、ときどきハッとするほど美しい風景にも出会います。青い海に点在する島々、風光明媚《ふうこうめいび》な陸中海岸です。その穏やかな海が巨大な津波に変貌《へんぼう》したことが、美しい風景を見ていると信じられなくなります。

大槌町は、まだ瓦礫撤去が完全に終わっていなくて、瓦礫に埋まった町並がそのまま残っていました。洋品店や美容院の看板も残っていて、ここで生活していた人たちのことを想像してしまいます。火事があったようで、ビルが真っ黒に煤《すす》けていて、戦場の町を歩いているような気にもなりました。

山の斜面に大きな墓地があり、墓石がなぎ倒されていました。それは崩壊した町以上に衝撃的な光景でした。墓石が散乱しているところに一つだけ新墓があって、花が添えられていました。津波で亡くなった人の墓なのでしょうか。

釜石に着いた頃は夕方になっていました。銀杏BOYZは盛岡でのライブの前日、釜石でボランティアに参加していたそうです。寄付するお金がないからボランティアに参加したと言っていましたが、我々は寄付もボランティアもしないで通り過ぎようとしていることに、また少し心が痛みました。

その日は遠野《とおの》の民宿に泊まり、翌日は完全に観光客になって、観光協会で借りた自転車で遠野を見て廻りました。同じ岩手なのに、被災地とはまったく違った美しい田園風景が広がっていました。

その日の夕方、友達夫妻が遠野に来て同じ民宿に泊まり、翌日は四人で大船渡《おおふなと》に向かいました。向かった先は、カトリック大船渡教会です。

大船渡には、ケセン語訳聖書を翻訳した医師の山浦玄嗣《はるつぐ》さんが住んでいます。我々夫婦は聖書を生き方の指針にしているので、知り合いからケセン語訳聖書のことを教えてもらった美子ちゃんは、ネットで山浦さんのことをいろいろ調べていました。聖書にある「永遠の生命《いのち》」という言葉を、山浦さんは「永遠というのは時間に区切りがないこと、生命とは生き生きしていること」と解釈しているそうで、それを聞いて僕も山浦さんに興味を持ったのでした。

その山浦玄嗣さんはカトリック大船渡教会の信徒で、日曜礼拝に来られるということなので、ぜひともお会いしたいと、四人で押し掛けたわけです。

礼拝が終わって、「まあまあどうぞ」と教会の人に言われ、応接室でサンドイッチなどをご馳走《ちそう》になりながら、山浦さんの話を聞きました。

震災後、多くのマスコミが山浦さんをインタビューしに来ているそうですが、みんな一様に、東北の人は我慢強く正直で善良なのに、なぜそういう人たちがこんな目に遭わなくてはいけないのか、神様はなぜそういう罪のない人たちをひどい目に遭わすのか、と聞くそうです。二〇一一年四月十日号の『ＡＥＲＡ』緊急増刊で藤原新也氏も、「私は水責め火責めの地獄の中で完膚《かんぷ》なきまでに残酷な方法で殺され、破壊し尽くされた三陸の延々たる屍土《かばねど》の上に立ち、人間の歴史の中で築かれた神の存在をいま疑う」と書いていました。

山浦さんは「それは、お前たちが拝んでいる神は、お前たちを見捨てたということで、これほど悪質なことはありませんよ」と、丸めた新聞紙で蠅を叩きながら言うのです。

前に紹介したひろさちや氏の『生きづらさの正体　世間という見えない敵』の中に、旧約聖書の「ヨブ記」の話が出てきます。

「ウツの地にヨブという人がいた。無垢《むく》な正しい人で、神を畏《おそ》れ、悪を避けて生きていた」にもかかわらず、全財産と十人の子供たちをいっぺんに失ってしまいます。神がサタンと話していて、神がヨブを褒《ほ》めたのに対し、サタンは、ヨブが神を敬うのは利益が得られるからであって、その利益をなくせば神を呪うだろう、それを証明して見せようと、ヨブの全財産を奪い、子供たちを殺してしまったのです。

それでもヨブは神を呪わないので、今度は全身を皮膚病にされてしまいます。それでもヨブは神を呪いません。ヨブの妻は「どこまで無垢でいるのですか。神を呪って死ぬほうがましでしょう」と言いますが、ヨブは「お前まで愚かなことを言うのか。わたしたちは、神から幸福をいただいたのだから、不幸もいただこうではないか」と、決して罪を犯すことをしません。

ヨブの苦難はその後も続き、三人の友人がヨブを訪ねて来て「あなたはどこかで過ちを犯している。神に謝罪せよ」とお説教します。ひろ氏は、この三人は世間の代表だと言っています。その後神に祝福されたヨブは、前以上に家族、財産に恵まれハッピーエンドに終わります（ひろ氏は、それではつまらない、ヨブはホームレスになり、孤独のうちに死ぬほうが良かったと書いていますが）。

本当の信仰者は、利益を得るために神を敬うのではありません。利益を得るためなら、我々が初詣《はつもうで》に行って家内安全《かないあんぜん》無病息災《むびょうそくさい》を祈って、お賽銭箱《さいせんばこ》に百円入れるのと同じことです。山浦さんをインタビューしに来るマスコミの人たちは、ヨブに「神を呪え」と言うヨブの妻や「神に背いているからそうなるのだ」と言う三人の友人と同じです。

気仙《けせん》には三十年、五十年おきに津波が来ていて、毎回人口の一割の人が死んでいますけど、気仙の人間から恨みごとを聞いたことは一度もありません、と山浦さんは言います。僕は津波に飲まれ、恐怖のうちに亡くなった多くの人の霊が怖いと思っていましたが、山浦さんの話を聞いて少し安心しました。

しかし、喪失感からか、自殺する人もいるという話も聞きました。瓦礫に飛び込んで自殺した人もいたそうですが、どういう気持ちだったのでしょうか。

カトリック大船渡教会を出て、被害に遭った大船渡の町を見に行きました。家の庭に巨大な船が鎮座しているというシュールな光景も見ました。

そのあと、一番被害の大きかった陸前高田《りくぜんたかだ》に行き、それから気仙沼《けせんぬま》に行き、被災地巡りを終えました。


後日、東京の教会で山浦玄嗣さんの講演を聞く機会がありました。

山浦さんの病院が被害に遭った様子。日曜礼拝で丘の上にある教会に行くと大船渡の町がなくなっていたこと。その日は零下《れいか》二度の寒い日で、雪がちらつく中を自衛隊の人たちが戸板に死体を乗せて運んでいたこと。薬がなくて病院に来る患者さんに薬を少ししか渡せなかったこと。自分は近いから遠くから来た患者さんに薬をやってくれと言う人がいたこと。気仙のお年寄りには三度の津波（昭和八年、昭和三十五年、そして今回）を経験している人がいるが、「なんでこんな目に遭わないといけないのか」と恨みごとを言う人は一人もいないこと。気仙の人たちは陽気で、つらいことがあっても何かいいことを見つけて、いつも笑っていること。東京から来る人は判で押したように同じ質問をすること（なぜ神はこんなひどいことをするのか？）。津波を体験するのは今回が初めてなのに、美しい浜辺を歩いているとそのうち沖に水壁ができ、津波が追い掛けてくる夢をよく見ていたこと。友達、親戚がここで死んだことを思うと、体が勝手に反応して涙がボロボロ出てくること。そして、「人間は死ぬようにできていて、いろんな死に方があります。今度の津波で、たくさんの人が死んだのでみんなびっくりしますけど、人生とは災害の連続です。そういう世界に生きているということを受け入れなければなりません。死は満遍《まんべん》なく散らばっています」と話されていました。

人は生きていくことに必死になっているとき、死のうとは思いません。津波の被害が片づいて一段落したとき、ふと喪失感に襲われるのではないかと思います。山浦さんのお話にあったように、つらいことがあっても、何かいいことを見つけて笑って欲しいと願うばかりです。

残された者

写真家の荒木経惟《のぶよし》さんのパーティで、「彼女、両親が自殺してんだよ」と紹介されたのが、青木麓《ふもと》さんでした。荒木さんが僕にそう言ったのは、たぶん僕の母親も自殺しているということもあったと思います。同じ「残された者」同士ということもあり、いつか詳しく話を聞いてみたいと思っていました。

僕の場合は母親だけでしたが、麓さんは両親が同時に、つまり心中で亡くなっているので、思い出したくないこともあるんじゃないかと思い、遠慮がちに「インタビューさせてもらえませんか？」と聞いたら、「いいですよお」と明るく答えてくれました。

インタビューの場所は、銀座の小さなギャラリーで、麓さんはそのギャラリーを任されているそうです。

山口椿《つばき》さんのエロティックな絵を展示しているそのギャラリーは、外の光が入らない非日常的な空間でした。麓さん自身「現実感がない」と言っていますが、麓さんの話はそのまま小説か映画にでもなるような、僕の想像力を超えた話でした。

死ぬなら自分で死にそうだなって思ってた

――生まれたときからずっと宮崎？

宮崎市です。

――いま何歳ですか。

二十五です。

――兄弟は？

お姉ちゃんがいます。

――お姉ちゃんとはいくつ違うの？

お姉ちゃんは六歳上です。

――それで、両親が心中したのはいつのとき？

私が十七のときです。私の誕生日の十日前で、十八になる少し前でした。

――両親が心中したときって、どういう状況なんですか。

まず両親が行方不明になったんです。旅行に行くって言って出掛けたんですけど。一日目は携帯で連絡取れて、大分の温泉に来てるって言うから「楽しんでね〜」って言ったんですけど、二日目から連絡が取れなくなって、携帯がずっと留守電だったんで「おかしいね」ってお姉ちゃんが言って、三日目も連絡が取れなくて、そのときは電源が切られていたんです。で、これはもうヤバいなと思って。

――ヤバいと思ったの？

何かあるなと。

――胸騒ぎが？

そうそう。ほんとに胸騒ぎがして。そのとき学校行ってたんですけど、学校の帰りとかもずっと電話してたけど出ないから、家に帰って、お父さんの書斎《しょさい》に入ったんですよね。そしたら机の上にお父さんのお父さん、私のお祖父《じい》ちゃんの遺影がポツンと飾ってあったから、あ、これはもう死んでると思って。

――普段はお祖父ちゃんの写真とか出してないの？

出してないです。で、すぐ遺書を探したんです。なんかあるはずだと思って。探してたら、家の電話が鳴ったんですよね。出たら、お父さんの仕事仲間からで。お父さん設計事務所やってたんです。それで、六月九日の日付け指定で、書類と手紙が事務所に届いたって。で、その手紙をいまから読み上げるからって言われて、「え、読み上げるの?」と思ったんだけど、「はい」って言って聞いてたら、すまないみたいな手紙で、子供たちをよろしくみたいな内容で。そのとき死んだことがわかって、初めて声を出して泣いたんです。で、電話切って、一人で家で呆然《ぼうぜん》としてて。

――お姉ちゃんはどうしたの?

　お姉ちゃんは仕事に行ってて。で、お姉ちゃんにすぐ電話して、当時付き合っていた彼氏にも電話して、どれぐらい時間が経ったか覚えてないけど、お姉ちゃんが帰って来て、二人でもう一回家の中を探したら、遺書とお金のこととか書いた手紙が出てきたんです。保険金のこととか、こうしなさいっていう指示が書いてあって、「もう死んでるね」ってなって、二人で納得したっていうか。

――そういう追い込まれた状況だったの?

　うーん、そういう状況ではないけど、死ぬならなんか自分で死にそうだなって思ってたから。お父さんは絵描きしてたので、そういう体質っていうか。

――芸術家体質?

そうそうそう。

――お母さんは違うの？

お母さんは違います。お母さんは中卒で働いたこともなくって、ずっと主婦してた人なので。あとでお祖母《ばあ》ちゃんに聞いたんだけど、お母さんはヤンチャな子で、ずっと引きこもりしてたっていう。

――働かなかったのは、引きこもりだったからなんだ。

すごい暗い子だったんだって。

――どうしてお父さんと知り合ったんだろうね。引きこもってたわけでしょ、お母さんは。

でも一回就職して、お父さんと職場が近かったみたいな感じかな。で、結婚して仕事は辞めて。異常っていうか、お父さんに対する愛情がすごく大きくて、だから私とお父さんが仲良くしてると焼きもち焼いたり。

――嫉妬《しっと》するんだ。

そう。お母さんはすごいお父さんのこと好きだったから、お父さんお母さんというより、男と女っていうふうに私は見てたのかな。

――年はどうなんですか、お父さんとお母さんは。

九つ離れてたんですけど、お母さんが四十五歳で。

——なんで心中したんだろうね。

うーん。遺書には人生に満足したとか、もうやり切ったからとか書かれていて。ちゃんと計画的だったので、保険金も出るように、誰に連絡してこうしなさいとか、すごい細かい指示が書かれていて、親戚の誰々は信用してはいけませんみたいな、名指しでしっかり書かれていました。

親戚の人たちに変なエネルギーが出てた

——死んだっていうことはなんとなくわかっていたんだろうけど、それがはっきりわかったのは？

親戚がうちに集まってきて、けど親戚はやっぱり生きてるって信じてるわけですよ。で、留守電に「死なないで」みたいなメッセージを残しなさいとか言われて、こっちは死んでると思ってるから、すごい棒読みで「帰って来て」とか言ったんだけど、なんでこんなこと言わなきゃいけないんだろうと思って。そういうことしてて夜になって、次の日、親戚に警察に連れて行かれて、行方不明の捜索願いの手続きをしたんです。親戚の人たちのテンションが高くなってるっていうか、なんかすごいやる気なんですね。

——やる気？

なんか、楽しそうじゃないけど、なんなんだろう、みんなで頑張ろうみたいな。

——だいたい、何か大変なことがあるとそうなるんだろうけどね。

私たちはもうわかってるから、「生きて帰って来られてもなんか嫌だよね〜」って言ってて。娘の立場だから、親戚とは違うんです。で、「どういう死に方しただろうね」みたいなことをお姉ちゃんと笑いながら喋《しゃべ》って。

——笑いながら？

そう。私は入水《じゅすい》自殺だと思ったんですけど。そういうふうに、バカにしてじゃないけど、笑ってないとやり切れなかったのかもしれないけど、なんか、生きて帰って来られたら嫌だな〜と私はすごい思ってました、恥ずかしいっていうか。

——受け入れたわけじゃないんだよね、両親の自殺を。受け入れたわけじゃなくて、笑ってないとやり切れないっていう。

うーん、だから、遺書とか見つかった日の夜とか、すごいバカな友達っていうか、笑わせてくれるような友達を家に泊まらせたりしてたし、一晩中お酒飲んで面白いことさせてっていうふうに毎晩してた、見つかるまで。で、警察に届けを出したら、ポスターを作るって言われて。

——ああ、行方不明のね。

そうそう。で、「わぁ〜」と思って。なんか「ウケるよね」とか言って。写真を提供しろって言われたから写真を出して、そしたらその日の夜に遺体が見つかったって警察から連絡があったんです。夜十一時ぐらいでしたけど。

——どこで？

大分県です。佐伯《さいき》市っていうとこ。宮崎との県境なんですけど。で、遺体は現地で火葬してくださいって遺書に書いてあったから、とりあえず大分に行こうって、親戚一同で。

——何人ぐらいで？

私とお姉ちゃんと、お母さん方のお祖父ちゃんお祖母ちゃんと、あと私の従兄弟《いとこ》とか、お父さんの妹とか、お母さんのお姉さんとか、結構大人数で行ったんです。宮崎から大分まで五、六時間かかるんですよ。で、夜中に向こうの警察に着いて、遺体安置場に案内されて。で、遺体を確認して。そしたら、お父さんの目が半分開いてたんですよね。それを見て私は笑ってたんですけど、周りはもう「うーっ」て泣いてて。でも、私とお姉ちゃんは泣けないんですよね。だからなんか面白いとこを探そうと思って、お姉ちゃんと「目開いてる」とか言って、笑って。で、遺体の確認をして、そのまま警察で一夜を過ごして、お祖父ちゃんお祖母ちゃんもすごい年なのに一睡もしないで、やっぱりそういうときって変なエネルギーが出てるんですね。

——テンション上がっちゃって？

そうそう。泣いてるけど元気で。で、朝になって火葬場に行って、そこでも親戚はずっと泣いてるんですよね。けど、私とお姉ちゃんは泣けずにいて、二人を同時に焼くんですけど、なんかボタンを押すときに二人で押しなさいって言われて。なんでそういう演出しないといけないんだろうと思いながら、二人でグッと押して。

——人の死って初めてなの？

初めてでした。火葬場に行くのも初めてだったし、お葬式も行ったことなかったし。

——練炭《れんたん》で自殺したんだったっけ？

練炭です。

——車の中で？

そう。その車も放置されたままだったので、地図渡されて。

——山の中？

山の中。で、取りに行って、その車は宮崎に帰って来て売りましたけど。

——自殺したって言わないでね。言ったら安くなる（笑）。

そう。遺体焼いたあとも、骨が二人分あって多いからすごい疲れて。それで、大分で焼いて、葬式はするなと遺書に書いてたから、そのままですね。

——お墓とかあるんですか。

ないんです。お母さんの方の実家のお墓に入れてもらってます。

二十歳になったら死んでやると思ってました

——お父さんとお母さんのこと好きだったんですよね。どうなんですか、親子関係は。お母さんは嫉妬したりしたかもしれないけど、お父さんのことを大好きっていうのは悪いことじゃないって思うけど。

お姉ちゃんがいたんで、全部お姉ちゃんに任せてたんですよね。

——何を？

しつけっていうか、私は親に怒られたこともないし、あれしろとか言われたこともないんですね。放ったらかし、結構。だから、私が小学校一年のときにお姉ちゃんが中学校だから、面倒はお姉ちゃんが見てくれてたし、遊ぶときもお姉ちゃんや、お姉ちゃんの友達と遊んで、私が中学校入ったらお姉ちゃん大人だから、大人の中に混じって一緒に遊んでて。

――お姉ちゃんが親って感じ？

うーん、親子関係がなかった感じがする。

――そうだよね、普通親が遊びに連れてったりするんだもんね。

お父さんとは、いろいろ出掛けてたりしましたけど。アングラとかそういう文化を教えてくれたのもお父さんだし。

――お父さんは、絵は仕事でやってたの？

いや。絵描きを挫折《ざせつ》して設計事務所に。

――でも絵はずっと描いてたんでしょ。分類するとどういう、油絵とか。

エッチングです。

――ああ、版画なんだ。どういう作品なの？

暗くてエロい感じですね。ＳＭとかもお父さんに教えてもらいましたからね。

――へー、いつ頃？

中学校入った頃かな。お父さんの本棚に『奇譚《きたん》クラブ』とか『Ｓ＆Ｍスナイパー』とかいっぱいあったから。

――お父さん、SMに興味あったのかな。自殺って普通の死に方じゃないじゃないですか、しかも両親揃って。親戚とか友達とか、反応みたいなのはどうなんですか。

なんか、触れちゃいけないみたいな感じで、学校でも誰にも聞かれなかった。私は友達とかには普通に言ってたから、死んだって。ま、死んだって言われてもなんて言っていいかわかんなかったって、いまになって言われますけど。周りは気を遣《つか》ってましたね。

――両親が自殺する前とあとでは、自分が変わったことってあるんですか。

親が死んでから、死に取り憑《つ》かれたっていうか、自分もそういう運命なんじゃないかと思い込んで、切腹とか自殺についてすっごく調べて。両親が死んでから学校にもほとんど行かなかったし、行ってもお昼からとか。お姉ちゃんに車で送ってもらったり。やる気がなくて。いま思うとうつ状態ですね。

――ずっと家で自殺関係の本読んでたの？

寝てた。

――寝てた？

で、夜中に起きて、ネットで自殺のこと調べて。自殺の方法とか。

――『完全自殺マニュアル』なんて本も出てたけどね。

はいはいはい。自分も二十歳になったら死んでやると思ってました。

――ほう。それはなんで？

ただ漠然と。なんか、そういう親の血を引いてるんだから、死ななきゃいけないってわけじゃないけど、なんか、憧れてたのかも、死に。

――怖いって感じはない？　死ぬの。

なかったですね。現実的じゃなかったから、親の死が。面白がってたし。

――死ぬとしたらやっぱり練炭？

と思ってました。真似《まね》して（笑）。

――二十歳に死ぬと思ってたわけだけど、いまはそんなこと思ってないでしょ。

お父さんの遺品に、荒木（経惟）さんの写真集『センチメンタルな旅・冬の旅』（新潮社、一九九一年）があって、それを見て感動して、涙が出て。私も写真撮ったりしてたけど、写真で感動したのは初めてだったんです。お父さんが残してくれたものだし、お父さんのメッセージみたいに思って。それで、荒木さんに遺影を撮ってもらおうと思って。

――それは二十歳になって？　二十歳で死ぬと思ってたから、いよいよというか。

いよいよのときに。絶対この人に会って死にたいと思って。それで荒木さんが連載してた『S&Mスナイパー』のモデル募集に応募して、決まったんで東京に行って、荒木さんに会って。で、撮ってもらったんですけど、荒木さんが最初にカメラのレンズ覗《のぞ》いたとき「おまえは親に恨みつらみがあるな」って。「親いねぇんだろう」って言われて、何も言ってないのに。

――すごいね、荒木さん。

いやあ、この人天才だと思って。で、一日撮影して、一緒にご飯食べて「花車」（荒木さんがよく行く新宿のバー）行って、荒木さんって太陽みたいな人だから、照らされて、すごい元気になったんです。次の日まで東京にいて、宮崎に帰って来て、人生素敵なこともあるんだと思って、荒木さんに照らされてたら生きていけるんじゃないかと思って。お父さんの遺書に「麓の可能性を信じている」って書いてあったから、私も私の可能性を信じてみようかなって。で、東京に行ってみようと思ったんです。

――荒木さんが命の恩人だよね。自殺を思い留まったのは、荒木さんに会ったからだもんね。

荒木さんといまの彼氏ですね、生きようと思ったのは。

――いまの彼氏はいつ頃からの付き合いなの？

親が死んですぐです。

――どういうふうに出会ったわけ？

私は、親が死んでからSMとかに急激にハマりだして、宮崎でそういうSM系のイベントとかなかったので、自分で企画してやろうと思ったんだけど、縛れる人もなかなか宮崎でいなかったんで、探してたら友達づてでいるって聞いたのがいまの彼氏。

――あ、縛れるの？

縛れますよ。もうその頃ブイブイ言わせてたんで、私の学校の友達とか。

――みんな縛ってた？

みんなやってた（笑）。

――ああ、そういう意味でブイブイね。

そう。すごい遊んでたから、その時期は。で、荒木さんの撮影のとき、彼氏も一緒に行ったんですね。私が心配だったみたいで、ついて来てもらって。そしたら、荒木さんに会って写真家になりたいって思ったから、二人とも荒木さんに生かされてるんですよね。で、結局死なずにいまも私生きてて。

――いいことじゃない。

納得できる自殺

二年前、親が死んだときに付き合ってた彼氏も自殺して死んだんです。

――えっ、ほんとう？　高校の同級生とか？

いや、私と同い年だけど、高校行ってなくて。友達の紹介で知り合った子なんですけど、ちょっと病気で、リストカットとか頻繁《ひんぱん》にするような子で。リストカットして、それを写メして、メールで送ってきたりして、かまって欲しいタイプなんです。私と知り合った頃から、リストカットとか、ピアスをいっぱい開けたりとかするようになって。そういう子って死なないから大丈夫って思ってたんだけど。自殺未遂も何回もしてたし、けど死ねないみたいな子だったのに、なんか自殺が成功しちゃったみたいな。

――どういう方法で？

リストカット。出血多量で。ほんとにひどかったから、太腿《ふともも》とか切るような子で、救いようがないんですよね。本人もどうしていいかわかんなくて苦しかったんだろうから、死んだって聞いて安心したっていうか、ホッとした。

――そうだよね。僕も自殺する人に「頑張って生きようよ」って言えないわけですよ、苦しい状況があるわけだろうから。だから自殺する人を肯定も否定もしてないんだけど、自殺ってことにみんな目をそむけないで、みたいな気持ちはあるんですよね。で、この連載を読んでもらって、ひょっとして自殺を思い留まる人がいるかもしれないし、なんらかの影響があればいいなと思ったりするんだけどね。

その彼氏っていうのはどうなの、リストカットする人っていうのは自分を責めるっていうか、自分がダメなんだっていう意識があるとかって読んだことがあるんだけど、なんでリストカットするようになったんだろうね。

たぶん、最初のきっかけは、寂しい。寂しくて誰かにかまって欲しいっていうのが、なんか増殖していった感じかな、病的に。

――家庭の問題もあるの？

あるのかなあ、母子家庭の子だったんですけどね。

――兄弟もいなくて？

兄弟はいました。末っ子でしたけど、その子は。けど、私の周りはそうやって納得できる自殺をするっていうか、私だけかもしれないけど、それで良かったんだなって思えるんですよね。そうなるべくしてなったというか。私も親が生きてたら、たぶん荒木さんにも出会ってないと思うし。

――まぁね。どうなってただろうね、親が生きてたら。

彼も親がいないからよく話すんですけど、プラマイゼロっていうか、親がいないっていう分で苦労した面もあるけど、それ以外にもすごいいろんなものを得てるから。

――苦労っていうのはどういうこと？

お金の面とか。

――お金は残してくれたんじゃないの？

十代で大きいお金を手にしたから、あっという間に遣っちゃったんですね。もう死ぬつもりだったし。

――なんに遣ったの？

車買ったり、洋服買ったり、彼氏にあげたり、イベント企画してポンと遣ったり、東京に行ったり。

――東京はどこに？

東京で切腹のモデルをちょっとしてたこともあるんです。

――切腹ショー？

ショーじゃなくて、そういう会があるんです。

――昔聞いたことがあるけど、外科医で切腹マニアの人とか、自分のお腹をメスでちょっと切って、腸をちょこっと出してみたりするらしい。

そう。それがいいらしいですね。

――でも、そういう人は日本に三人ぐらいしかいないって聞いたけど（笑）。

えっ。そんなことないですよ。

――集まった人が写真撮ったりするの？

いや、写真は撮らない。教えてもらう。作法があって、手順とか。

――どこでそういう募集見たんですか。

ネットで切腹って検索して。切腹愛好会とかで探したのかなあ。そのときは切腹がしたかったんです、美しいと思って。

――切腹、一番嫌だな（笑）。お姉ちゃんもお金遣ってしまった？

お姉ちゃんは計画的に、ちゃんと。

――保険金はお姉ちゃんと分けて？

弁護士さん雇《やと》って分けたんです。

――いくらぐらいなの？

何千万ですけど。いま持っていれば有効に遣うと思うのに。

――半分でも残していれば良かったのに。

一銭も残ってないです。

――それは見事というか、潔いというか。まあ、二十歳で死ぬと思ってたからね。お姉ちゃんはまだ宮崎にいるの？

もう結婚して、子供がいます。すごく健全に生きてて。

お母さんの顔には泣いたあとがありました

――通常自殺はネガティブなことじゃないですか、社会的には。そういうものを肯定したり、良かったんじゃないのって思えるのは、そういう素質《そしつ》っていうか、素質っていうのはヘンだけど、そういう感受性があったわけじゃない。

家庭環境が普通じゃなかったのもあるし。両親が旅行に行くって言った前日か前々日ぐらいに、私、学校に行きたくなくって、お母さんに「四つ葉のクローバーを探しに行きたいから学校休んでいい？」って聞いたら「いいよ」って言われて。そういう家だったから。

――普通、親だったら「何言ってんの、あんた」ってことになるけどね。

「いいよ」って言われて「ラッキー！」って思って。

――芸術一家だな。

死んでからお母さんの手帖見たら、別になんも予定ないじゃないですか、主婦だから。それで、お父さんとランチしたお店と、セックスした日にマークついてるだけで、すごい幸せな人だなと思って。

――お母さんは幸せだったと思うわけね。

思いますよ、好きだった人と一緒に死ねるんだもん。けど、なんか恋愛の話とかしてみたかったたって、いまになって思いますね。

――どういう話を覚えてるの、お母さんと。

業務連絡的な（笑）。

――いまは、死に対してどういうふうに思ってるんですか。

死ぬ気はないですね。

――そのほうがいいよ。

荒木さんとの出会いとか、あと麿《まろ》（赤兒《あかじ》）さんですね。麿さんに会って、もう生きたいって思いました。この人の踊りを見たいって。すごいから、あまりにも。そういう人に出会えて私は幸せだなと思うんです。

――まだまだ面白い人がいるだろうしね。

これからね。もっといろんな人と知り合いたいし、見たいし。

――他に両親の影響ある？

親が死んでから、捨てられるっていう思いがあるんですね。取り残されたみたいな。面白がっている反面、荒木さんが言うように恨みつらみもあったり。

――あ、それはあるかもしれないね。僕も母親に捨てられたって、子供のときは思ってたから。

だから、彼氏がいなくなるとか、捨てられるとかっていうのが怖くてたまらないですね。ああいう思いを二度としたくないっていう。そういう面では異常に依存してるっていうか。人にそういうふうに依存してしまうのは、親が死んでからだと思うんです。失うのが怖いから、あえて仲良くならなかったりとかもするし。

――好きにならないようにとか、そういうこと？

うん。最初彼氏のことも好きにならないようにしてた。好きになったら失ったときに傷つくから。

――それ、なんとか恐怖症になるのかなあ。捨てられ恐怖症（笑）。

見捨てられ恐怖症みたいな。捨てられるとかっていう言葉も怖い。

――でもまあ、逆に強くってていうのはヘンだけど、どっかでそういう面もあるかもね。

うーん。周りの人からは強いって言われますね。

――芸術の方面に行ったのは、両親の自殺っていうのがきっかけだよね。それは良かったんじゃない。

けど、そうやって私が納得してるって言うと、正当化してるっていうふうに言われたりしますね。「そう思わないとやってられないんでしょう」って。ま、そうかもしれないけど、なんで死んだんだろうとか思わないんですよね。一人の男と一人の女として、そういう最期《さいご》を遂げたっていうのは羨《うらや》ましいし、それで良かったって思います、いまは。

――自殺が怖いっていうのはないの？

ない。病気のほうが怖い。交通事故とか。だって自殺は自分で選んでるんだもん。

――まあそうだけど、この瞬間にこの世とおさらばっていうのが、なんか怖いって思うけど。でも、その瞬間が快感でもあるのかもしれないけどね。

お母さんの遺体は泣いたあとがありました。マスカラが取れてて、涙のあとがついてたから、泣いたのかなって。母性があったのかなって。思い出したのかなって、子供のこととか。

――それは思い出すよね。

きっと、死ぬ前のセックスは良かっただろうなとか思います。

——え、セックスして死んだの？

絶対そう思います。

——セックス中に？　そんなことないか（笑）。

セックスしたあと死んだわけです。事を終えて。どんな気持ちなんだろうって、すごいだろうなって思う。死ぬってわかっててやるんですから。それをお姉ちゃんに言ったら、「それはそうだよね」って。なんでそんなこと思うのって否定はされなかった。けど「他の人には言っちゃダメだよ」って。

——お姉ちゃんはまともだね。バランス感覚あるよ。

そう。「他の大人には言わないほうがいいよ、麓ちゃんのために」って。

——そういうことを表現する気持ちはないの？

一回、親が死んでからすぐ絵を描いたんだけど、それから描いてないですね。表現したいなあとは思うんですけど。

まだ親がいる気がします

虫の知らせっていうか、いま思うとですけど、あるんですね。

――それはどういうこと？

四つ葉のクローバーを探しに行った日はすごく天気が良くって、空を見上げながら歩いてたんです、一人で。けど、そのときすごい虚《むな》しいっていうか、嫌な気持ちになって。いつまでこんな生活なんだろう、いつまで続くんだろうって思って。別に生活に不満があるわけでもなく、楽しく過ごしていたのにそう思ったんですよね。

――学校なんかそんなに面白いもんじゃないからね。でも、彼氏もいたんだし。

全然不満はなかったんですけどね。なんか就職どうするんだろうとか思ったり。先が想像できなかったんですよね。

――想像できないけど、決して未来が輝かしいものではないっていう。

そう。なんか暗くて見えないっていうか。

――そういうのはみんな感じてるよね、おそらく、若い子は。

親が死んで、そういう暗い部分は増えたと思いますね。

――暗いってことは大事なことだよ。

そうですか。

――うん。まるっきり明るい人って、ちょっとヘンだよ。

けど、それを否定されたことがあります。前に働いていたとこ（クラブ）で。

――ああ、ああいう仕事はやっぱり、ジトっとされるとお客さんも。

ジトっとはしてないです！

――いやいや、暗い感じをお客さんに与えると。

けど、普通に笑ったりしてるんですよ。やっぱり接客だから。

――いや、それより一段上げろってことじゃない？　もっとテンション上げて「は～い、いらっしゃ～い」とか（笑）。

足りないってこと？　私のすべてを否定されたような気がして。世の中そんなもんだと思いました。

――ああいう仕事って、演技っていうか、演技だけじゃないんだろうけど、仕事の一つのスキルみたいな。

荒木さんは褒《ほ》めてくれたのに。「その暗さがいい」と言ってくれたのに。それで生きる自信が湧《わ》いたのに。

――ああ、結構こたえたんだ。

はい。

――最後に何かない？

やっぱり、人が死ぬってお祭りじゃないですけど、当事者以外はなんかテンション高くなるんだなっていうのが、思ったことですね。心中っていう死に方に周りは血が騒いでいたのかなって。

——被災地に行ってみたけど、津波でみんなテンション上がったんだって。親族が亡くなったりしている人もいるけど、なんか大変な状況になって、なんとか生きていかないといけないみたいな状況になると、ガーっとやる気になるっていうか。でも、何ヵ月かすると……。

落ちると思う。

——そう、いまがそう。だから自殺してる人がいるんですよ。

それはなんかわかる気がする。

——そういう喪失感はないですか。

もう七年も経ったけど、宮崎に帰ったらまだ親がいる気がしますね。現実感がないから。

——たまに帰るんですか。

たまに帰ります。現実感がないんですね、十八ぐらいから。全部が夢みたいな。けど、お父さんお母さんの親はつらいと思いますよ。それぞれ立場によって思いは全然違うから。

――そうだよね。お父さんは何人兄弟？

四人。

――お母さんは？

二人。そういう人たちは人に話せないんだろうなと思う。世間体《せけんてい》とか、ご近所さんとかあるから。

――決して褒められたことじゃないからね、世間的には。自慢できない。

たぶん白い目で見られてるんじゃないかと。田舎だから特に。普通の一般社会にいたら、たぶん不利なことですよね。けど、アーティストになると、それがプラスになるから不思議。

――そうそう。そういうことだよね。僕もそうだもん。田舎にあのままいたら、一生小さくなっていないといけなかったかなって思うもん。荒木さんが、「母親がスエイを天才にしたんだ」って言ってくれたことがあってね。自分が天才だとは夢々思ってないけど。

そう言うんだ、荒木さんが。ふーん。

――天才とは思わないけど、自分が工場労働者から表現に関係した世界に行ったっていうのはすごい良かったたし、母親が自殺したから行けたんだと思うわけ。そういう意味では、母親に感謝してる。

世間では自殺はネガティブなことです。この話に出てくる親戚のみなさんは、さしずめ世間の顔と言ってもいいかもしれません。麓さんが世間の物差ししか持っていなかったとしたら、両親の心中や彼氏の自殺が、もっとつらいものだったかもしれません。麓さんには独特の感性があったから、ネガティブなことをポジティブに捉《とら》えられたのだと思います。お父さんの死に顔を見て笑う麓さん、世間の人たちは「なんて不謹慎《ふきんしん》な」と思うかもしれませんが、笑ってあげる愛情もあるんだと思いました。

麓さんから、レポート用紙に書かれたお父さんの遺書を見せてもらいました。それにはこう書かれていました。

麓へ
18才もう大人です。
自分の考える様に生きなさい。
麓の中にある無限の可能性を父は見まもっています。

君が私の娘である事をうれしく思います。
父と母は今残せるものを君たちにたくして
麓の未来を信じています。
君には早すぎたかもしれないが、その時はいつでも同じ
麓、人生を楽しんで生きよ。
父も母も人生を楽しんで生き、2人の娘と生きた。
ガンバレ麓。

抗議の自殺

僕が第二次産業から第三次産業へ移行した（と言っても、工場労働者からデザイナーになろうとしただけのことですけど）一九六八年頃は、全共闘運動が盛り上がっていて、あちこちの大学が封鎖されていました。何もかも造反有理《ぞうはんゆうり》で、体制・権力に歯向かうのが当たり前の時代でした。川崎の自動車工場で働きながら、グラフィックデザイナーになろうと思って通っていた青山デザイン専門学校も、その余波でバリケードが築かれるようになってしまいました。

僕は全共闘運動に共感はしていたのですが、自動車工場で働きながら牛乳配達のアルバイトまでしてお金を貯めてやっと入った専門学校だったので、大学はともかく、専門学校まで封鎖することはないだろうと思ったりもしました。

それでも何日か渋谷にあった学校に行ってみたのですが、バリケードが築かれたままいつまで経っても中に入れないし、入ったとしても授業はやってないと思って学校は諦《あきら》めました。友達もいなかったので、自分一人が学校から放り出されたような思いでした。

学校に通ったのは半年ぐらいだったのですが、その前から日美《にちび》の通信教育でレタリングも習っていたので、なんとかなるんじゃないかと思い、新聞の求人欄でデザイン関係の就職先を探しました。そして見つけたのが、駒込《こまごめ》にあった作画会という絵画教室みたいな名前の会社で、面接に行ったら即決で採用されて、自動車工場を辞めてその会社で働くことになったのでした。

作画会は、中古車の展示場や遊園地、ボーリング場などのディスプレイや看板を請け負っている、社員二十人ぐらいの小さな会社で、僕の仕事は看板のデザインをすることでした。看板に入れる文字をレイアウトして職人さんに渡すと、それを見て職人さんが看板に仕上げます。その看板を、職人さんと一緒に取りつけに行ったりすることもありました。仕事はそれなりに楽しかったのですが、毎日看板ばっかりやっていると「自分が目指しているのはこんなことではない」と思うようになります。

そのころ『デザイン批評』というモダニズムデザインを批判する雑誌が出ていて、僕はその雑誌を愛読するようになっていました。その影響もあって「モダニズムデザインは自己喪失《そうしつ》である。いかに自己を他者に置き換えるかという作業の連続の中で、その行為が大衆への奉仕《ほうし》だと考えている。この責任はデザイナーの内側の問題でありながら外側に放置してしまっていて、もはや体制となってしまっている」というような、『デザイン批評』受け売りの言葉が頭の中に渦巻《うずま》いていたのですが、看板に「モダニズムデザインは自己喪失である」とか言っても、看板は看板でしかありません。デザイン論は空回りするだけです。

入社して半年ほどして、大森ボウルというボーリング場のフロアディスプレイを任されました。初めてデザインらしきものができるということで、「よお〜し、ボーリング場に情念をぶつけてやるぞ!」と、えらく張り切ってしまいました。

天井から無数の天狗《てんぐ》のお面をぶら下げ、裸のマネキンに天狗のお面をつけたものもぶら下げ、お経を書いたのぼり旗を数本立てるという、おどろおどろしいディスプレイを考え、それをパースにして(たぶん得意満面だったと思いますが)上司に見せました。

そのときのポカンとした上司の顔が、いまでも記憶に残っています。「何、これ?」です。「ボーリング場のフロアをアングラ芝居にしてどうするんだ!」と。確かに、いまなら僕もそう思いますが、そのときは「モダニズムに毒されたおまえらには何もわからない!」と、口には出さなかったものの、そう心の中で叫んでおりました。

ところが、同僚に一人だけわかってくれる人がいました。僕と同期に入社した近松さんという人で、近松さんも『デザイン批評』を読んでいて、よく喫茶店でデザインの話をしていました。観念的な僕のデザイン論を、やんわり批判してくれることもありました。

その近松さんが作画会を辞めて、キャバレーに就職することになりました。僕はキャバレーに行ったことがなかったので、そこがどんなところかわからなかったのですが、キャバレーのチラシやポスターを自由に作れるというので、僕も行きたいと思うようになりました。

それが決定的になったのは、近松さんがデザインした浴場ポスターを見せてもらったときです。浴場ポスターというのは、銭湯《せんとう》に貼るホステス募集のポスターのことです。たいていシルク印刷二色刷りぐらいの、簡単なものが多かったのですが、近松さんが作ったポスターは七色ぐらい色を使った豪華なもので、それを見たときは思わず息を呑みました。

そのポスターには、黒い太陽をバックにフェラチオをする女の顔が大きく描かれていて、握ったチンコは黒くシルエットになっています。ものすごいインパクトのあるポスターです。いま考えれば、そんなポスターをよく風呂屋が貼ったと思いますけど（貼ったとしても、それを見てホステスになりたいと思った人がいたかどうか）、そんなことは関係なく、近松さんも僕も「表現」がしたかったのだと思います。

その日から、僕もデザイナーを募集しているキャバレーを新聞の求人欄で探すようになりました。

僕が入ったのはクインビー・チェーンという大手のキャバレーチェーンの宣伝課で、仕事場は上野クインビーが入っているアメ横近くのビルの四階にありました。近松さんから、仕事場の床に穴が開いていて、そこから下を見るとお客さんがホステスのパンツに手を突っ込んでいるところが見える、とか聞いていたので、そういういかがわしい職場を想像していたのですが、普通のデザイン会社と何も変わりません。勤務時間が午後二時から夜の十一時までということと、同じフロアにショーのブッキングをする芸能課があって、その課の人たちは夕方になるとハッピを着てバンドマンに変身するというところが、普通の会社と少し違うぐらいです。

仕事は新聞広告や電車の中吊りポスター、チラシなどのデザインが主でした。相変わらず頭の中はモダニズムデザイン批判が渦巻いていて、僕がデザインするものはドロドロした怨念《おんねん》ぽいものが多くて、課長から使いものにならないデザイナーと思われていました。

僕が作ったものの中で達成感があったのは「チンポの塔《とう》」ぐらいです。一九七〇年に大阪で万博があったのですが、それにちなんで新たに新宿でオープンする大箱の（フロア面積の広い）店のテーマを万博にしようということが決まりました。店内に万国旗を張り巡らし、お客さんが座るボックス席を各国のテーマ館になぞらえて装飾し、フロアの真ん中に何かオブジェを作ろうということになり、僕がそのオブジェの担当になったのです。

万博のシンボルは、岡本太郎作の「太陽の塔」です。キャバレーの場合、お客さんはホステスさんとイチャイチャしたいから来るのであって、それをシンボライズすると、やはり勃起《ぼっき》したチンポじゃないかと、あれこれ考えてそういう結論に達したわけです。「チンポの塔」を作ろうと。

でも、それを課長に言うと却下《きゃっか》されそうだったので、秘密裏《り》に作りました。人目につかない階段の踊り場を仕事場にして、まずはベニヤを丸めて二メートルほどの塔を作りました。その先に被《かぶ》せる亀頭《きとう》の部分は発泡スチロールを彫刻して作ることにしました。

一週間ほどかかって、かなりリアルな「チンポの塔」が完成しました。それにピンクの蛍光ペンキを塗ったら、ものすごく艶《なま》めかしいものになりました。それを新宿の店に運び、フロアの真ん中に置くと、キャバレーの照明はブラックライトを使っているので、暗闇にピンクのチンポコが浮かび上がります。それは我ながら見事なものでした。ホステスさんたちは笑っていましたが、あまりにもリアル過ぎるから警察が来るんじゃないかと店長が言い出し、悲しいことに「チンポの塔」は大きな唐草模様の風呂敷が掛けられることになってしまいました。

ところが、何日かしてホステスさんたちが風呂敷を掛けられた「チンポの塔」を拝んでいるという噂が耳に入りました。「チンポの塔」を拝むと指名が取れるのだそうです。この話を聞いたときは、自分が神様を作ったみたいな気がして嬉しくなりました。

しかし、そういう達成感のある仕事はその後なく、日々の仕事はチラシやら新聞広告のデザインです。チラシの打ち合わせで目黒の店に行くと、眼帯した店長が「オシンコ祭りってやろうと思ってるんだけど、チラシ作ってくれない？」と言います。「オシンコのところをオ◯ンコにして、〝おらが国さのオ◯ンコ祭り〟ってどう？」とか言います。もうモダニズムデザインがどうしたとか考えても無駄だと思いました。キャバレーはキャバレーでしかないのです。

そういうモヤモヤが溜まって、ストリーキングをしようと思い立ちました。なぜストリーキングなのか、そのあたりの思考経路が思い出せないのですが、何かやむにやまれない気持ちがあったのではないかと思います。しかし、なかなか決心がつかなくて、一週間ぐらいノイローゼのような状態になっていました。同僚の仲のいいカメラマンにその話をすると「じゃあ俺、写真撮るよ」と言ってくれたので、それがあと押しになりました。

一九七〇年十一月二十五日の午前四時頃、同僚のカメラマンと上野駅のガード下に行き、そこで素っ裸になって、中央通りを御徒町《おかちまち》に向かって走りました。カメラマンが追い掛けて来ます。仕事帰りのホステスさんが「カッコいいわよ〜」と声援してくれます。写真的見せ場を作ろうと、ゴミの中に飛び込んだり、電柱やらシャッターによじ登ったりしました。松坂屋の前の植え込みの中に前もって用意していた、看板に使う赤の水性ペンキを頭から被り、道路を転げ回りました。「資本主義に魂を売ったデザイナーたちが寝静まる深夜、俺は裸でアスファルトにイラストレーションを描いている」というイメージでゴロゴロ転げ回っていると、松坂屋の守衛さんが出てきて驚いた顔で見ています。警察に通報されたら面倒だと思い、ストリーキング&アクションペインティングはそこで終了。道路が真っ赤に染まっていました。

脱いだ服はカメラマンが持っていてくれたのでそのまま服を着て、二人でタクシーに乗り、カメラマンのアパートに向かいました。運転手さんが、真っ赤な顔の僕を見てギョッとしていましたが、何も言いませんでした。

その日の正午過ぎ、三島由紀夫が市ヶ谷の自衛隊駐屯地で割腹自殺したことを、カメラマンのアパートで知りました。

ストリーキングをやったあと、魂の抜け殻みたいな状態になってしまい、仕事もやる気が起こらなくてキャバレーを辞めてしまいました。

その頃、祐天寺《ゆうてんじ》の四畳半のアパートで、一年ほど前に籍を入れた妻と二人暮らししていて、妻に食べさせてもらいながら、自分は何をすればいいのかわからなくなって、悶々《もんもん》とした日々を数ヵ月送るようになります。

生活のために、ガラスに金箔《きんぱく》を貼る内職を始めたのですが、収入はほとんどありませんでした。キャバレーを辞めたとき、なけなしのお金をはたいて電話を引いたのですが、誰からも電話がありません。永山則夫《ながやまのりお》の『無知の涙』を読んで、「そこには　他との関係は一切れも存在しない」という孤独な叫びに、自分を重ねてみたりしていました。

そんなとき、上野クインビーで店長をやっていた人から電話がありました。いま池袋のピンクサロンで店長をしている、看板を作ってもらえないか、という電話でした。

看板を作るといっても、作業場があるわけではないし、運転免許も車も持っていなかったのですが、なんとかなると思って引き受けることにしました。お金が欲しかったのです。

材木屋からベニヤと小割り（角材）を買ってきて、アパートで看板を作りました。それに紙を貼り、水性のネオカラーで絵や文字を描き、ビニールを掛ければ出来上がりです。油性ペンキを使わなかったのは、部屋が臭くなるし乾きが遅くて効率が悪いからです。

出来上がった看板を新聞紙でくるみ、電車で池袋まで運んでいました。店長が出て来るのが夕方なので、ちょうどラッシュ時と重なり、電車の中でみんなから嫌な顔をされましたが、「生活のためだ、文句あるか」と、嫌な顔をする乗客を睨《にら》み返していました。

一階にあるピンクサロンの地下が事務所とホステスさんの更衣室になっているのですが、看板を電車で運んでくるのを店長が見かねたのか、数ヵ月経った頃、その地下室で看板を描いてもいいということになりました。アパートでトントン看板を作っていると、隣が大家さんの家だったので「何をしてるんですか？」と不審な顔で聞かれたり、電車でみんなから迷惑がられたりしていたので、これは助かりました。

一九七一年はこうして過ぎていき、水商売かき入れどきの十二月を迎えました。十二月になると、看板やポスターやメニューの仕事が急に増えます。クリスマスには店の料金が倍になるからです。

クリスマスイブの日も看板を描いていました。地下室は暖房がなく、寒くて手もかじかんできます。手に息を吹きかけ看板を描いていると、上の店から「♪いい湯だな〜いい湯だな〜そ〜れチンコマンコ！」と、バカ騒ぎの声が聞こえてきます。僕は「チクショー、みんなぶっ壊れてしまえ！」という気持ちになっていました。

その日、新宿の追分《おいわけ》派出所でクリスマスツリー爆弾が爆発しました。その夜、ツリー爆弾を仕掛けたテロリストを想像しながら、ノートに次のように書きました。

今日は十二月二十四日、クリスマスイブ。彼は今日の日のために爆弾を作った。買ってきたクリスマスツリーに爆弾を仕込んだ。そしてタイマーを七時十五分に合わせた。そして、六時頃アパートを出た。この日の新宿は人で溢《あふ》れていた。不景気などどこ吹く風というように。

彼のポケットには数枚の硬貨しかない。幸せそうなアベックが通り過ぎる。クリスマスケーキを抱えた中年男が、忙しげに家路を急ぐ。

彼は交番の横に爆弾がセットされたクリスマスツリーをそっと置いた。誰も気がつかなかった。そこに爆弾があることなど、誰も想像しなかった。町はクリスマス一色だった。

彼はすぐ近くのレストランに入った。爆発を確かめるためだ。帰りの電車賃を除くとコーヒーしか頼めなかった。彼は窓際の席に座る。しばらく時間が過ぎた。突然、爆弾が爆発した。彼の胸が熱くなった。交番は血で色塗られた。彼はすぐさまレストランを出て人ごみに紛れた。サイレンの音がする。彼は淋しさでたまらなくなった。

見ず知らずのテロリストに自分を重ねて書いていたと思います。ところが、見ず知らずのその「彼」が、自分の義理の弟だったと知ったときは、ビックリすると同時に、想像上の「彼」に対する思い入れが強かっただけに、因縁のようなものを感じたのでした。

それまで、活動家の人たちを心情的に支持はしていたものの、まったく接点がなかったのですが、「彼」が逮捕され、「彼」が所属していた黒ヘルのメンバーも逮捕され、公判対策委員会のメンバーに会ったり、弁護士さんに会ったり、裁判の傍聴に行ったりしているうちに、活動家の人たちと知り合うようになりました。みんな優しい人たちでした。

このツリー爆弾で死者は出なかったものの、警官が重傷を負ったため、「彼」に対する検察側の求刑は無期懲役《ちょうえき》、判決は懲役十六年、拘置所にいた期間も入れると二十三年間刑務所暮らしを「彼」は送ることになります。

二〇〇二年の四月の初め、「彼」と会ったとき、檜森孝雄《ひもりたかお》さんが焼身自殺したことを聞きました。

檜森さんとは、「彼」が刑務所から出て来て前の奥さんと暮らしていた家に同居していた頃、一度だけ会ったことがあります。「彼」は活動家の人をよく家に呼んでいて、檜森さんもその一人でした。

檜森さんは二〇〇二年三月三十日午後六時半頃、日比谷公園の「かもめの広場」で、ガソリンを被って焼身自殺しました。慶應病院に搬送され、午後七時頃死亡が確認されました。

「彼」は慶應病院の霊安室に駆けつけ、遺体と対面したそうです。「ダッコちゃんみたいに全身真っ黒に焼けただれ、目だけがカッと見開かれていて目の周りが生焼けだった」と「彼」は言います。「彼」に悪気はないのですが、「ダッコちゃん」とか「生焼け」は不謹慎じゃないかと思ったりしました。

檜森さんはイスラエルのパレスチナへの侵攻にずっと抗議し続けた人でした。三月三十日は、イスラエルによってパレスチナ人の土地が取られたことに対する一九七六年三月三十日の抗議行動で、パレスチナ人六名がイスラエル軍に殺害された「土地の日」でした。檜森さんが焼身自殺する前日、イスラエルのシャロン首相は、対テロ戦争を掲げてパレスチナ自治区の無制限の攻撃を宣言し、イスラエル軍がパレスチナ自治区ラマラに侵攻して、自治政府議長府を戦車で包囲していました。そのイスラエルの横暴に対する抗議の自殺だったようです。

それと、檜森さんたちが対イスラエル抗議運動を続けていたのに、周りが盛り上がらないことへの苛立《いらだ》ちもあったのではないかと思います。

檜森さんは、一九七二年五月三十日のリッダ闘争（テルアビブ空港乱射事件）に加わるメンバーの一人でした。メンバーは奥平剛士《おくだいらつよし》、山田修《おさむ》、安田安之《やすだやすゆき》、檜森孝雄の四人で、パレスチナで軍事訓練を受けていたのですが、山田修がベイルートのピジョン・ロックで訓練中水死したので、檜森さんが日本に帰り、岡本公三《おかもとこうぞう》をパレスチナへ送り込みます。その後、檜森さんが何かの理由でパレスチナに行けなくなり、奥平、安田、岡本の三名だけで実行することになります。

このリッダ闘争の目的は、空港の管制塔を占拠することだったようですが、結果的には奥平、安田の二人を含む二十八人が死亡、七十三人の重軽傷者を出す無差別テロ事件になりました。安田は、身元を隠すため顔の下で手榴弾《しゅりゅうだん》を爆発させ、死体には頭がなかったそうです。奥平はイスラエル軍に蜂の巣にされて死亡、岡本は逮捕されました。

この事件のあと、檜森さんは日本で旅券法違反で逮捕されていますが、その後の行方は活動家の人たちも知らなかったようです。「彼」が檜森さんに初めて会ったのは、日本赤軍の菊村憂《きくむらゆう》がアメリカで逮捕され、その裁判を支援するための会合だったそうで、それから檜森さんとときどき会っていたようです。

世間的なことをすべて捨ててしまった人で、大和《やまと》市の檜森さんのアパートはいつも鍵が掛かってなく、入口のドアの裏に一万円札がピンで止めてあって、「私は貧乏なのでこれしかありません」と、泥棒宛に書かれた貼り紙がしてあったそうです。泥棒は一回も入らなかったようですが、この話を聞いたとき涙が出ました。泥棒のことまで考える優しい人でした。

焼身自殺する前に書いたメモには、

2002. 3. 30
まだ子どもが遊んでる。
もう潮風も少し冷たくなってきた。
遠い昔、能代《のしろ》の浜で遊んだ、あの小さなやさしい波がここにもある。
この海がハイファにもシドンにもつながっている、そしてピジョン・ロックにも。
もうちょっとしたら子どもはいなくなるだろう。

とあったそうです。

僕は平和が好きで、テロを肯定しているわけではありません。しかし、自分の命を捨てて、人権を剝奪《はくだつ》されている人たちのために戦う人を否定することはできません。また、テロは悪であると断定し、その悪と戦うという理由をでっちあげ、他国に侵攻し、自分たちの利権のために人殺しをしている人間を許すことができません。

むかし読んで、いまも頭に残っている松永伍一《まつながごいち》の『一揆論』からの文章です。

権力者は衆が自覚することを怖れる。その自覚をうながすものの存在を怖れる。「道」や「義」を貫こうとして権力者を怖れぬものを怖れる。死を怖れず殉教的に身を挺《てい》するものを怖れる。真の革命には衆を強い支持勢力としてもつところの殉教的指導者が必要であろうし、内ゲバなどで同志たるべき人間をリンチするものが「革命論」をぶっているときほど権力者が安心している時期はない。なまじできない革命ならば唖《おし》のごとく沈黙せよ。はかりがたく大きい沈黙はまた権力者を恐怖せしめる。生きのびたいという切実な欲望をもつものこそ死の深淵を見つめることができるし、死に賭《か》けるものへの愛・憎を内にたぎらせるもののみが生の本体に迫りうるであろうし、皮肉にも権力者はその弁証法にもっともうといのである。

（松永伍一『一揆論』大和書房、一九七一年）

眠れない夜

僕が編集者になったのは二十七歳のときです。最初は『NEW SELF』というエロ雑誌を編集していたのですが、二年足らずで発禁になってしまい、代わりに創刊した『ウイークエンドスーパー』という、週末にスーパーに買い物に行くようなタイトルの雑誌を編集していた頃の話です。

ちなみにこの『ウイークエンドスーパー』は映画の雑誌という名目でしたが、映画のことはあまり出てこないエロとサブカルの雑誌でした。タイトルの由来は、ゴダールの『ウイークエンド』を観たとき、映画館を出ると町が全然違って見えて、つまりそれだけ衝撃を受けた映画だったので、そのタイトルをいただいたのですが、特許庁で調べるとすでに雑誌の項目で登録されていて、仕方なくスーパーをつけたというわけです。

創刊当初、編集は僕ともう一人、それと版下《はんした》を作ってくれる女性が二人いました。いまはDTP入稿ですが、当時はA4の四面づけの台紙を作って、それにイラストや写植《しゃしょく》を貼り込んで入稿していました。これを版下と言うのですが、この版下も編集部で作っていたのです。その版下作りが二人ではおぼつかなくなり、手伝ってくれる人を募集することになりました。

面接に来たのはたった一人で、ジーンズにYシャツを着た、化粧もまったくしていない男の子みたいな女の子でした。デザインの経験があると言うので「じゃあ、ミゾビキやってみて」と言って、定規とガラス棒と面相筆《めんそうふで》を渡しました。ミゾビキというのは、定規にガラス棒を当てて面相筆で細い直線を引くことで、昔はデザインの基本でした。僕はミゾビキにも自信があったので、心の中で得意になっていて、ちょっとからかうつもりでそう言ったのですが、その女の子はシャツを腕まくりして真剣にミゾビキをやっていました。その版下はロットリングを使っていたので、本当はミゾビキなんて必要なかったのです。その女の子が、真剣にミゾビキをやっているのを見てちょっと心が痛んだのですが、そのことがその後の関係を暗示していたような気がします。

その女の子の名前は○○○○○と言うのですが、仮にFとしておきます。Fはいつもつまらないような顔をしていて、自分の世界に閉じこもっているような人でした。

Fが入社して数週間後、Fの歓迎会だったと思いますが、会社の人たちと飲んでいたとき、それまで気にしなかったFのことが妙に気になってきたのです。お酒を飲みながらみんなと話しているFがすごく魅力的で、笑顔も素敵で、Fと話している男たちに嫉妬《しっと》しました。相変わらずジーンズを穿《は》いた男の子みたいな服装でしたが、体の輪郭《りんかく》がすごくエロチックだし、肌の色が白いし、そういう肉体的な魅力もかなりあったと思います。その日からFのことが頭から離れなくなったのでした。


Fと最初にセックスしたのは、新宿の同伴喫茶でした。なんでそんなところに入ったのか覚えていませんが、入ってからのことはよく覚えています。

中に入ると、喫茶店というよりドヤ街の簡易宿泊所みたいなところで、ベニヤで仕切った三畳ほどの部屋が並んでいました。その一室に案内され中に入ると、なんとそこにはコタツがありました。独身男子のボロアパートか、はたまたどこか東北の田舎かといった感じで、とんでもないところに来てしまったという後悔があったのですが、そこを出ることも考えつかず、二人でコタツの中に足を入れました。

ドアが開いて、その場所に不釣り合いな蝶ネクタイのボーイが注文を取りに来ました。

しばらくするとコーヒーが運ばれてきて、無言でコタツの上に置かれます。

突然ドーンと音がしました。隣のお客がベニヤの壁を蹴《け》った音です。怒って蹴ったわけじゃなくて、部屋が狭いから、セックス中に足でベニヤを蹴飛ばしてしまったんだと思います。

そこで僕らもセックスしたのですが、入れたと思ったらすぐ出てしまい、つまり早漏ということですが、ますます気まずい思いになって、自分のチンコとその部屋を呪いました。その同伴喫茶を出て、近くのジャズバーに入りました。レンガ作りの雰囲気のいい店でしたが、先ほどのことがあって、なんとなく気まずい思いでお酒を飲んでいたら、Fが小さな声で「最後が良ければそれでいいよ」と言います。その言葉に救われた思いがしましたね、ほんとに。優しい人なんだなと思いました。

しかし、その日の気まずさはその後も尾を引いていて、なんとなくFを避けるようになっていたのですが、Fのことが気になって気になって、仕事も上の空です。

ある日、僕が知っている男の人とFが歩いているところにバッタリ出くわしました。「仲良さそうだね」なんて当てつけなことを言ったのですが、心の中では嫉妬の炎がメラメラと……。何か、書いていてアホらしくなるのですが、事実だから仕方がありません。

嫉妬でモヤモヤしながら、なんであんなところに連れて行ったんだろうと悔やみ、あの同伴喫茶に火でもつけてやりたい気持ちになっていました。

『ウイークエンドスーパー』で原稿を書いてもらっていた作家の鈴木いづみさん（一九八六年に自殺しました）と喫茶店で話すことがよくあったのですが、話はだいたい付き合っている男のことで、いま付き合っている男と五十回ぐらいセックスした、その男の人は編集部の○○さんとは二回、○○○さんとは二十回ぐらいしているらしい、といづみさんが言います。その男は僕も知っている人で、○○○さんとはFのことです。「二十回ですか？」などと言いながらも、心の中ではまたまた嫉妬の炎がメラメラと……。

僕はストーカーのようになっていました。Fが会社を出たのを見計らい、少し遅れて自分も会社を出て走って駅に向かいます。駅の階段を上がっているFを見つけると、さも偶然会ったように装い、「映画を観に行くけど、行かない？」なんて言ったりして、「私、待ち合わせがあるから」とか言われ、「じゃあね」とか言ってFとは反対の電車に乗るのですが、誰と待ち合わせしているのか気になって仕方がありません。

しかし、そんなことにはめげず、Fが会社を出たらあとを追い掛けることを繰り返し、ついに一緒に飲みに行くことに成功し、そのままラブホテルへ。そんなことが何度か続きました。

Fとするセックスは気持ち良かったけど、なんとなく心に風が吹いているような気持ちになるのは、Fが僕のことを好きなのかどうかわからないからです。Fも「好きかどうかわからない」と、困ったように言います。Fは嘘が言えない人でした。

それとは反対に、僕は嘘ばかりついていました。僕は結婚していたので、Fとホテルに行っても、夜が明ける前には家に帰るように心掛けていました。妻が寝ているうちにベッドに潜り込めば、帰りが遅かったということで済むわけですが、ホテルでついつい眠ってしまい明るくなって家に帰ると、妻が起きているので言い訳をしないといけません。編集の仕事は徹夜になることも多いので、朝方帰ったりすることを妻は疑ったりしないのですが、だからこそ余計に嘘をつくことの罪悪感で心がチクチク痛みます。

妻のお母さんが上京して家に泊まっていたときも、ホテルで寝過ごして、家に帰ったのが朝の八時頃でした。お母さんに「そんなに働いたら体を壊すんじゃないの?」と心配され、また心がチクチク痛みました。

Fに対しては、結婚しているという負い目があります。僕が本当にFを必要としているのなら、家を飛び出すぐらいの覚悟が必要です。それができないのなら、単なる遊びだと思われても仕方ありません。

そんなことをウジウジ考えながらも、Fを独占したい気持ちはますますつのるばかりで、夕方になると相変わらずFを追い掛けて駅まで走っていました。ホームでFに追いつき、「新宿に飲みに行かない？」と誘います。「六時にね、新宿で待ち合わせしてるの」「まだ四十分あるじゃない。三十分でいいからお茶飲みに行かない？」と、強引に誘って喫茶店へ入りました。三十分なんてあっと言う間で「もうそろそろ行かないと」とFが言います。「いいじゃない、このままいようよ」「え〜、行かないといじけるから」。いじける相手は想像できました。僕より年上の会社の同僚で妻帯者です。Fがその人と会えば僕は家に帰ることができて心は楽になるけど、その人と会ってセックスなどすると思うと、またまた嫉妬の炎がメラメラと……。

Fもどっちにしようか迷っているようで、「じゃあ、これで決める」と言って百円玉を取り出します。百円玉の表が出たら僕と付き合い、裏が出たら向こうに行くと言うのです。「百円玉で決めるなんて、それはないでしょう」と思いましたが、Fもどうしていいのかわからなかったのだと思います。

Fはテーブルの上で百円玉をクルクル回し、上から手を置きます。開けると……裏でした。「ああ、これで今日は家に帰れる」と心の中でホッとしながらも、いそいそと出て行くFを見ながら、寂しい気持ちになります。しばらく窓の外をボーッと眺めていると、窓ガラスにFの姿が映りました。戻って来たのです。「どうしたの？」「やっぱりここにいる」。その言葉に、僕のチンコがピクンと反応するのでした。

映画を観に行って食事をして飲みに行ってホテルでセックス。プラネタリウムに行って飲みに行ってホテルでセックス。飲みに行って、新宿のラブホテルが満室でタクシーで高田馬場、池袋と回り、やっと入った巣鴨のラブホテルでセックス。そんな日々が続きました。飲み代やラブホテル代を捻出《ねんしゅつ》するために、アルバイトで自販機本を月に一冊作っていました。会社の仕事も忙しいし、夜は夜で忙しいし、家に帰れば自販機本で忙しいし、睡眠時間がどんどんなくなります。寝不足でフラフラしながら会社に行くと、充分睡眠を取った人たちが元気に働いています。みんなが僕を批判的な目で見ているような気がして、憂うつな気分になりました。もうこんなことはやめたいと思いながらも、また夕方になるとFを誘います。そんなことをしながら、一年が過ぎていました。

初夏だったと思います。日曜日の朝、Fと池袋のラブホテルで朝を迎え、その日は妻とどこかに行く約束だったのですが、それはもうどうでもよくなっていました。気だるい気分でFとコーヒーを飲んでいると、突然「海が見たい」と言います。「えっ、海？　海ったってどこに行けばいいんだ。それに、もう千円しか持ってないし」とか思いながら黙っていると、「湖でもいいよ」と言います。

池袋から東武東上線で板戸まで行き、越生《おごせ》線に乗り換えて東毛呂《ひがしもろ》というところに向かいました。そこに鎌北湖《かまきたこ》という湖があるらしいのです。電車が郊外に向かうにつれ、家と結ばれているゴム紐がだんだん伸び切って、プツンと切れたような気がしました。

東毛呂は寂しいところでした。駅前の駄菓子屋さんで聞くと、鎌北湖までは歩いて一時間半かかるそうです。Ｆは僕に五千円渡し「持ってて」と言います。そのお金でタクシーに乗り、鎌北湖に行ったのですが、湖というより池でした。人もまばらで、ここも寂しいところです。どこかの食堂から「夢のカリフォルニア」が流れていて、なんだか物悲しいのですが、その物悲しさが悪くはないのです。鎌北湖でボートに乗ったり、食事をしたり、ハイキングコースを歩いたりしました。

このまま二人で蒸発してしまう、なんてこともチラッと頭に浮かんだのですが、そんなことができるわけもなく、また電車に乗って現実に引き戻されていくのでした。電車の中で「愛している人がいないと、孤独っていうことが楽しめるからいいよね」なんて観念的なことを言うと、「愛していても孤独ってこともあるよ」とＦが言います。僕が批判されているような気がしました。

それからしばらくして『ウイークエンドスーパー』が廃刊になり、Ｆは会社を辞めました。辞めてからもときどき会っていましたが、会うのが義務感のような気がするときもありました。

ある日、夜中の二時頃、家に電話が掛かってきました。Ｆからです。家に電話を掛けてきたのはこのときが初めてだったので、ビックリしました。「どうしたの?」と聞くと、電話の向こうで「私、死ぬから」と怒ったように言います。「死ぬって、どうしたの?」と小声で言うと、「病院に行ったら、あと三日で死ぬって言われて」と言って泣いています。「いますぐ行くから」と言って電話を切ったのですが、妻が「誰から?」と聞きます。「原稿のことで鈴木いづみさんがいますぐ会いたいと言うから」と嘘を言って(いま天国にいるのか地獄にいるのかわかりませんが、いづみさんごめんなさい)、タクシーでFが住んでいる町に向かいました。

Fは家族と住んでいるので、Fの家に行ったことはなかったのですが、ときどき近くまでタクシーで送っていたので、だいたいの場所はわかりました。タクシーを降り、公衆電話で電話するとお母さんが出たので、Fを出してくれるように言うと、僕がいる場所を聞いて「そこで待っていてもらえませんか」と言います。普段の行いを思うと、お母さんに会うのは気まずかったのですが、お母さんが来るということは何か大変なことが起こっているような気がして、緊張して待っていました。

しばらくして、お母さんが来て「今日はこのまま帰ってください」と言います。「どうしたんですか?」と聞いても、お母さんは何も話してくれません。仕方なくそのままタクシーで家に帰ったのですが、Fのことが気になって仕方がありません。

数日後Fから、病院にいるから面会に来て欲しいという手紙が来ました。その病院を調べてみると、診察科目の中に精神科がありました。

東武東上線の先にある病院に行くと、看護師さんが面会室に案内してくれました。そこに入るとき看護師さんが鍵を開けているのを見て、想像はしていたものの「やっぱり」と思って気持ちが落ち込みました。そこは、精神科の隔離病棟でした。

Fは思ったより元気そうで、僕が来たことを喜んでいました。少しロレツが回らないのは薬のせいでしょう。話も普通にできたのですが、「電波を出すのはやめて欲しい」と何かよくわからないことを言います。僕が電波のようなものを出していて、それに操られていると言うのです。そう思うようになったのは、僕がダラダラ交際を続けるだけでなんの進展もないことにFが悩んだ結果なのではないかと思い、心が苦しくなりました。だいぶ前、たった一度だけ、冗談のように「結婚して」とFが言ったことがあったのですが、僕は真剣に受け止めないで適当に誤摩化《ごまか》していました。

僕にとってFとの関係は、ただ恋愛に酔っていただけのことだったのか、退屈な日常から逃げ出すためだったのか、独占欲を満たすことだったのか、性欲を満たすことだったのか、おそらくその全部だったと思いますが、すべてが自分のエゴイズムのことで、Fのことをただの一度だって真剣に考えたことがなかったのではないかと思いました。

Fはその後入退院を繰り返し、退院しているときは会社まで訪ねて来ることもありました。会うのは気が重いことのほうが多かったのですが、喫茶店に行って話を聞いたり、ときにはラブホテルに行ったりすることもありました。セックスしようとすると、突然笑い出すことがあって、自分がバカにされているような気になることもありました。

Fの表情は誰が見ても尋常ではないので、Fが来ると会社の人が「来たよ」と教えてくれました。忙しいときや会いたくないときは屋上に逃げて、帰って行くFを物陰から見ていました。

しばらく会わなかったとき、Fからの手紙で、Fがビルから飛び降りたことを知りました。八階から飛び降りて、複雑骨折で入院していたそうです。八階から飛び降りて助かったのですから奇跡的です。

会って欲しいという電話があったので、池袋駅西口の芸術劇場前の広場で待ち合わせしました。少し早く行って待っていると、向こうからFが歩いてきます。杖《つえ》をついて、足を引きずりながらゆっくり歩いてきます。僕を見ると、はにかんだように笑いました。

ビルから飛び降りたのは、耳元でボーイ・ジョージが「ここから飛び降りろ」と言ったからだそうです。僕が発する電波が原因でなかったので少しホッとしました。それ以外に話すこともなかったので、「ホテルに行こうか」と言うと「うん」と言うので、近くのホテルに向かいました。足を引きずりながら歩くFを、みんながジロジロ見ていました。

裸になったFは、手術の傷跡だらけでした。一生消えない深い傷でした。

お金と自殺

自殺の原因で一番多いのが健康の問題、二番目に多いのが経済の問題だそうです。お金のことで命を絶《た》つ人が病気の次に多いのです。

お金のことで抜き差しならなくなるシチュエーションはいろいろ想像できますが、お金のことで死ぬなんて馬鹿馬鹿しい、馬鹿馬鹿しいなんて言うと亡くなった人に悪いのですが、お金のことなんかで死んで欲しくありません。そんなことで深刻になる必要はまったくありません。

お金は人間が便宜上作った印刷物です。単なる紙切れです。お金がなくても、借金で首が回らなくなっても、単なる紙切れの問題ですからなんとかなるものです。

しかし、その単なる紙切れがいまや世界を制覇《せいは》しているのは事実です。お金は物質を抽象化したもので、お金があればあらゆる物質と交換することができます。食物、洋服、家、土地……はもとより、医学が発達したおかげで命さえも買えるようになりました。お金が物質の王者、お金が「世の支配者」になってしまったわけです。

聖書では、悪魔のことを「世の支配者」（ヨハネ14－30）と言っています。突然悪魔とか言うと「なんのこっちゃ?」と思われるかもしれませんが、聖書に出てくる悪魔とは、この世の物質面を牛耳《ぎゅうじ》っている存在のことです。「お金があれば神のようになれるぞ」と、あなたの（僕の）耳元でささやくのが悪魔です。死んだらおしまいだよ、生きているうちに楽しいことをしましょう、好きな物が自由に買えることは素晴らしいでしょう、お金を貯めて一生安心して暮らしたいでしょう、というのはみんな悪魔のささやきです。

人は悪魔に牛耳られていますから、お金を稼ぐことに必死です。いい学校に入り、いい会社に入り、いい生活をするために、みんな一生懸命努力してクタクタになって、最後は病気になって死んでいくのが落ちです。

悪魔は不安を人に植えつけます。人の不安を煽《あお》ることは商売の基本です。病気になったらどうしようという不安を煽り、保険やサプリメントや健康グッズが売れ、病院も儲《もう》かります。老いて醜くなるという不安があるから、美容整形や化粧品やアンチエイジング関連が繁盛します。負け組になりたくないという不安があるから、学習塾や教育関連の商売が成り立ちます。

あらゆる不安から逃れたいがために、みんなお金に執着します。しかし、悪魔の支配下でのことですから、いくらお金を貯めても、不安はどんどん増幅されるようになっています。僕は借金地獄にはなっても、お金持ちになったことがないのでわかりませんが、お金持ちはお金が減ることを大変怖れるようです。当然人間関係もギクシャクしてきて、人に恨みをかうこともあります。それに、お金を盗られる不安も生じてきます。強盗集団にはお金持ちリストがあると聞いたことがありますが、それでまたＳＥＣＯＭやＡＬＳＯＫが繁盛することになります。

聖書に「何を食べようか、何を飲もうかと、自分の命のことで思いわずらい、何を着ようかと自分のからだのことで思いわずらうな。命は食物にまさり、からだは着物にまさるではないか」（マタイ6－25）という言葉があります。そういう余計なわずらいを捨てれば、お金はそれほど必要ではありません。不安と欲望で必要経費が上積みされているだけのことです。

そういう世を支配してしまったお金ですが、二〇〇八年のリーマン・ショックで、数百兆円という世界中のお金が一瞬でなくなってしまいました。それに至る発端は、一九八〇年から始まった金融のグローバル化です。

　お金を扱う仕事は金融業ですが、みんなのお金を預かって会社や個人に貸したりする、裏方の存在として金融業は社会の役に立っていたのです。それが金融のグローバル化とともに、お金がお金を生むような構造になって、裏方だった金融がどんどん表に出てきたのです。規制がゆるくなって、自国内だけでなく海外にもどんどん投資できるようになり、巨額のお金が投資先を求めて世界を駆け巡るようになりました。

　リーマン・ショックの大きな原因は、アメリカのサブプライムローンです。大きな利回りを得るには、高い利子でお金を借りてくれる人を探さなくてはいけません。その矛先《ほこさき》がアメリカの貧しい人たちに向かいました。家なんかとても買えそうもない貧しい人たち、サブプライムな（支払いが優良でない）人たちにどんどん家を買わせ、高金利の住宅ローン（最初の何年かは利子が安いらしいのですが）を金融機関が積極的に組ませたのです。そして、それをリスク回避のために証券化して売りさばきました。利回りがいいから、世界中の金融機関や金持ちがそれを買うようになりました。

　アメリカの住宅価格が値上がりし続けていれば問題はなかったのですが、それがいつまでも続くわけがありません。住宅の値段がピークを迎えると、日本の例でもわかるように一気に下がり始めます。サブプライムローン関連の証券が暴落し、株価も暴落しました。さらに、信用リスクだけを取り引きするCDS（クレジット・デフォルト・スワップ。対象となる会社が潰《つぶ》れるか潰れないかに賭けるギャンブルのようなもの）というものもあり、その損失も莫大なものと言われています。

それらの不良債権を持っている銀行や証券会社は資金不足になり、潰れる会社も出てきました。その大手がニューヨークに本社があったリーマン・ブラザーズです。この会社の倒産時の負債は、当時の日本円換算で約六十四兆円と言われています。カナダの国家予算とほぼ同額です。

アメリカ政府は、連鎖的に金融機関が潰れていくと経済恐慌が起こるという名目で、莫大な国家予算をつぎ込んで金融機関を救いました。そのツケが回ってきて、いま財政難に陥っています。EU諸国も同じで、どの国も莫大な借金を抱え、金融マーケットにおける信用度が著《いちじる》しく低下し、国債の利回りが異常に高くなっている（国債価格の暴落）国があります。ギリシャ、スペイン、ポルトガル、イタリアがそうです。

もうどの国も経済の立て直しのことで頭がいっぱいです。政治には国民が豊かに安心して暮らせる社会をつくる義務があるのですが、いまは経済を立て直すことが最優先課題となり、緊縮財政になり、税金が上がり、社会保障費が削られ、経済的に貧しい人たちが切り捨てられます。ギリシャはいま、五十万人が無収入の家庭（家族全員が無職状態）で暮らしているそうです（二〇一一年末現在）。

その金融危機に巻き込まれ、日本もこれから同じ道を歩むことになるでしょう。一〇〇〇兆円近い莫大な借金を抱えているのですから、国債の暴落がいつ起きてもおかしくありません。それをジッと狙っている金融ディーラーがいるはずです。これからの日本の課題は、この借金を減らしていくことですから、増税と緊縮財政でますます不況になっていきます。企業も、世界的不況と円高で輸出が伸び悩み、人員整理や賃金カットがますます行われます。もうお金は国民に回ってこないのです。

（安倍政権になって、お札をどんどん刷って最終的に日銀に国債を買わせる政策を取りましたが、構造的には何も変わっていません。極端な円安になれば国債が暴落して、国債を保有している金融機関が大きな損失を出し、我々が預けている預金を引き出せなくなる可能性もあります。）

このままだと、お金のことで自殺する人がますます増えていくことが予想されます。最初にお金で死ぬなんて馬鹿馬鹿しいと書きましたが、お金に囚《とら》われてしまうと、お金のことで精神状態もおかしくなってしまうのは事実で、そういう経験が僕にもあります。

これから書くことは、僕がお金で四苦八苦する話です。

お金の悩みは、お金が欲しいと思うことから始まります。僕がこの悩みを植えつけられたのは、家が貧乏だったからです。といっても、僕が生まれた山奥の村では、お金がないのがスタンダードでした。多少の貧富の差はあってもみんなチョボチョボで、どの家も田んぼで採れる米と、畑で採れる野菜で自給自足していました。たまに加工食品を売る移動スーパーみたいな車が町から来ていましたが、みんな米で買っていました。米が貨幣の代わりをしていたわけです。

しかし、我が家は母親の治療費と母親の贅沢《ぜいたく》で田んぼを売り払っていたので、米を買わなければなりません。米を買うにはお金が必要ですが、父親は働くことがあまり好きではなかったので、食べる物にも困るようなときがありました。そういうときは、山に行って山菜や木の実やキノコを採ってきたり、川魚を捕ってきたり、ときどきよその畑から野菜を盗んだり、食べられるものならなんでも食べていました。そういう悪食《あくじき》が原因で疫痢《えきり》になったことがあって、前にも書いたように一本五万円もするペニシリン注射で助かったのでした。

当時ペニシリンはそんなに高かったのかどうか知りませんが、たぶん医者が吹っかけたんじゃないかと思います。しかし、それは結局払わずじまいでウヤムヤになってしまいました。どっちもどっちです。踏み倒すのは悪いことですが、医者のほうにも貧乏人からは取れないという寛容さが、その頃はまだあったんじゃないかと思います。

そういう家だったので、早く学校を卒業してお金を稼ぎたいと思うようになったのですが、村にいてもお金は稼げません。都会に出て工場で働く、それが僕の夢でした。いま思えば、なんとも小っちゃな夢ですけど。


高校を卒業して、念願の工場労働者となったのですが、想像していたよりひどい職場で、夢は三ヵ月でもろくも崩れました。その後、川崎の自動車工場で働き、駒込《こまごめ》の看板屋で働き、キャバレーの宣伝課で働くようになったのですが、お金は一向に儲《もう》かりません。

しかし、駒込の看板屋あたりから表現ということに目覚め始めて、お金がないことをそんなに苦にしたことはなかったと思います。当時は学生の左翼運動が盛んで、彼らにとってブルジョアは敵でした。その影響で、お金を持つことは悪であるというような風潮が若者の間にはありました。僕もそういう影響を受けて、お金より表現のことに意識がいっていました。

しかし、キャバレーの宣伝課を辞めて失業してからは、自分はいったい何をやればいいんだろうと思うようになり、悶々とした日々を送るようになりました。

その頃住んでいたアパートの一階が、大家さんが経営する双眼鏡のケースを作る工場になっていて、妻はそこで働いてわずかな収入を得ていました。僕の役割は、妻がテーブルの上に置いた二〇〇円を持って、近くのスーパーで夕飯の材料を買ってくることでした。

アパートの隣が大家さんの家で、その二階の物干し場が、双眼鏡のケースを乾かす場所でした。昼頃目を覚ますと、物干し場からコトコト音がします。窓を少し開けると妻が一人で黙々とケースを並べていました。そのとき無性に悲しくなって、涙が出てきました。何か、自分たちが、出口のない社会の最底辺にいるような気がしたのでした。

とにかく働かないといけないと思い、たまたま新聞で見つけた「自宅で出来て高収入」という小さな募集広告を見て、代々木にあるその会社に行ってみました。集まっていたのは主婦らしき女性ばかりでした。男は僕だけで、恥ずかしくて小さくなっていました。

仕事は、ガラスにクラシックカーやヒョータンの絵を描き、ガラスの裏から金箔《きんぱく》を貼る仕事でした。ガラスやら金箔やら下絵やらの材料を買ってきて、それを仕上げて代々木の会社に持って行くと、一枚二千円で買い取ってくれるのですが、出来が悪いと買い取ってくれません。しかも一枚作るのに二日ぐらいかかるので、「自宅で出来て高収入」にはまったくなりません。そんなことしかできない自分が、本当になさけなくなりました。無性にお金が欲しいと思うようになったのはこの頃からです。

その後、フリーの看板屋になってお金は稼げるようになったのですが、友達の紹介で出版の仕事をするようになって、多少とも表現に関わる仕事ができるようになると生きがいのようなものが生まれ、お金のことは意識から薄らいでいました。

編集者になってからも、自分が作った雑誌を面白いと褒《ほ》められると、まるで自分が褒められているような気分になり、徹夜の仕事でクタクタになりながらも、それなりに充実していたように思います。ところが、ある女の子を好きになって、その女の子の影響で『MABO』という女の子雑誌を作ったのですが、これがまったく売れなくて、なんとなく空虚な気持ちになっていた頃です。

あるとき、商品先物取引の営業マンが編集部に突然やってきて、僕に「社長さん、金《きん》はご存じですか？」と言います。「僕は社長じゃないですけど、金は知ってますよ、ピカピカ光るやつでしょ」と言うと、「その金で大儲けしてみませんか？」と言うのです。「大儲けって、お金は余ってますよ」とからかうように言うと、向こうは全然ひるむ様子もなく「じゃあ、もっと儲けましょう」と大きな声で言います。

実際、生活していく上では充分な給料をもらっていたので、特別お金に困っていたわけではないのですが、『MABO』を廃刊にする話が出ていて、編集部を解散しなければならなくなっていました。会社からみんなに退職金が出ないので、僕がその退職金を払って僕も会社を辞めてしまおうと思っていたので、その「大儲け」という言葉に心が揺れたのではないかと思います。

先物の営業マンは帰ったのですが、そういう僕の心の揺れを見抜いていたのかもしれません。二、三日してその営業マンから電話が掛かってきました。ものすごく切迫した感じで「先日は失礼しました。大変なことになりました。金が暴騰《ぼうとう》しそうです。いまがチャンスです。おそらく二、三〇〇円上がりますよ。三〇〇万で六、七〇〇万儲かりますよ。いまからそっちに行きます」と言います。その電話の迫力で、僕はその営業マンとまた会うことになったのでした。

最近、ＦＸ（外国為替証拠金取引）なんかでレバレッジという言葉がよく使われますが、金の先物取引も十七倍ほどのレバレッジが掛かっていて、一〇〇万円預ければ一七〇〇万円の金を買ったことになります。僕はその営業マンに一三五万円渡して、一〇キロの金を買いました（現物を買ったわけではなく、買ったことになっているだけです。これを信用取引と言います）。

お金を渡すとき、数えもしないでポンとバッグに入れる営業マンを見て、あのお金はもう戻って来ないいんじゃないかとチラッと思ったりしました。営業マンは僕の不安をぬぐい去るかのように、イラン・イラク戦争のことや、ドル安でアメリカが再び金本位制を取るかもしれないとか、金が上がる要因をまくしたてます。

その後、金は上がったり下がったりで、さほど大きな変化はありませんでした。その半年ぐらいの間に、営業マンに言われるまま、金を追加で買ったり白金を買ったりで、銀行で借金をして一〇〇〇万円ぐらいつぎ込んでいましたから、金やら白金を一億七〇〇〇万ぐらい買ったことになっていました。

そして、あの日が来たのです。一九八七年十月十九日、ニューヨーク株式市場過去最大の大暴落、ブラックマンデーです。営業マンに電話すると、株が暴落すると貴金属の先物が急騰するから「ひょっとして一億ぐらい儲かるかもしれませんよ」と言います。株がダメだと思った投機家が貴金属の先物に乗り換えると言うのです。

僕はもう一億儲かったような気になって、みんなに言いふらしたくなって、その夜、行きつけのスナックに友達を呼んで大騒ぎしました。いま思えば気が狂っていたとしか思えませんけど、下半身丸出しでカウンターの上でカラオケを歌ってみたり、ママが「末井さ～ん、このカウンター、古くなったから替えたいんだけど」なんて言うと、「替えたげる、替えたげる、まかせなさ～い」「六〇〇万ぐらいするんだけど」「安い、安い」なんて言ったりしていました。僕がお金でテンションが上がったのはそのときだけです。ちょうど日本がバブル経済の真っ只中で、みんながお金に夢中になっていた頃のことです。

ヌカ喜びもつかの間、次の日、金はわずかに値上がりしたのですが、二日後、ドーンと下がりました。大暴落です。

その頃、インターネットなんてありませんから、毎朝先物屋に電話して、前日の終値やその日の寄り値を聞くのですが、株価が暴落すれば金の先物が暴騰するという営業マンの話を聞いていたので、下がるなんて夢にも思ってません。ひょっとしたらストップ高になっているんじゃないかと期待しながら先物屋に電話すると、「今日はだいぶ下がってますね」なんて平然と言います。「えっ?」と思わず聞き返しました。「だいぶ下がってますはねぇだろう。えっ、おら、一億儲かるって言ったのは誰だよ。えっ、おかげでこっちはフルチンでカラオケまでやって、ママにカウンターまで買う約束をしたんだぞ。こら〜、どうしてくれるんだ」とは言わなかったものの、平然と「だいぶ下がってますね」と言う営業マンにちょっとカチンときました。

そして、その日の午後、営業マンから、金も白金もストップ安になっているから追証金を三〇〇万円入れてくれという、厳しい電話が掛かってきました。追証金とは追加証拠金のことで、損金が預けているお金の半分まで減った場合、追加でお金を入れなくてはならないのです。入れない場合はその時点で決済、損金確定となります。

「いまいくら損しているんですか?」と聞くと、営業マンは「六〇〇万ぐらいですね」と言います。六〇〇万！　六〇〇万と聞いた瞬間、意識がスーッとなくなりました。幽体離脱という状態を経験したことはないのですが、おそらくそれに近い感じだったと思います。体から魂が抜けたような感じで、人と話していても口がパクパクしているだけで言葉が出てきません。人と話せないからみんなから変に思われると思い、とりあえず会社を出ました。行く当てもなく会社の周りをフラフラ歩いていましたが、会社の近くにいると誰かに会うかもしれないと思い、新宿に行くことにしました。

新宿の町をまたフラフラ歩きました。車の音も人の声も耳に入ってきません。頭の中がもぬけの殻状態で、ゾンビのようにフラフラ歩くだけでした。

そのうち追証金のことが頭をよぎり、三〇〇万円をどうやって作ろうかと考えるようになりました。

先物屋に入れた一〇〇〇万円は銀行からの借金でしたが、正確に言うと、銀行の人から「借りてもらえませんか？」と言われて借りたお金でした。数年前にローンを組んで郊外に家を建てたのですが、土地が異常に値上がりしていて担保価値が上がったので、そのローンを組んでいる銀行の融資担当の人から「一〇〇〇万円借りてもらえませんかねえ。それで株でもやったらどうですか？」と耳元でささやかれ、自宅を担保にして一〇〇〇万円のローンカードというものを作ったのでした。

それは恐ろしいカードで、銀行のATMに入れるとお金がいくらでも出てくるのです（もちろん借金になるのですが）。いま思うと嘘のようですが、その頃の銀行はやたらとお金を貸したがっていたのです。僕はそのお金を全部引き出して、株ではなく先物取引にぶち込んでいました。

追証金を入れないで決済することも考えましたが、そうすると六〇〇万円の借金が残ってしまいます。ここは追証金を入れて、金や白金が上がるまで待つしかないと思ってビルを見上げたら、サラ金の看板が目に入りました。あらためてビルを見回すと、町はサラ金だらけでした。

若い頃質屋に入ったことはありますが、サラ金に入るのは初めてでした。緊張しながら、駅前のビルにあるサラ金に入ると、十人ぐらいの若い女性がズラッと並んで電話をしていました。おそらく、借金の取り立てでもしているのでしょう。

受付で三〇〇万貸して欲しいと言うと、健康保険証があれば五〇〇万まで貸すけど、それ以上は無理だと言われました。何軒か廻ったのですが、どこも同じことを言います。

もうこれで最後にしようと、歌舞伎町《かぶきちょう》にある聞いたこともないサラ金に入ったら、そこにいるのは全員男ばかりで、それもみんなヤクザっぽい感じで、それまで行ったところとだいぶ雰囲気が違っていました。三〇〇万貸して欲しいと言うと、土地の権利書を持ってくれば貸すと言います。良かった、助かったと思い、そこで三〇〇万円借りる手続きをしたのでした。

それからどうなったかというと、先物屋に預けた一三〇〇万円は四〇万円ほどになりました。あのときやめていれば六〇〇万の損で済んだのに、と思ってもあとの祭りです。先物屋の営業マンと喫茶店で会って、その四〇万円ほどの残金を受け取ったのですが、どうにも気持ちが収まらなくて営業マンを責め立てました。すると、営業マンは「すみません」と言って突然泣き出すのでビックリしました。周りにいるお客さんが一斉にこっちを見ます。まるで僕がいじめているようです。演技で泣いているのかなと思ったりしたのですが、涙をボロボロ流しながら泣いているので、それ以上営業マンを責める気になれませんでした。

その後、先物で損をしたことを思い出すと精神状態が悪くなるので忘れるようにしていたのですが、一年ほどして、違う先物会社の営業マンから電話が掛かってきました。個人情報保護法なんてなかった頃ですから、僕の連絡先が他の先物屋に流れていたのかもしれません。

電話に出ると「商品相場の件ですけど」と言うので、「僕はもうやる気はありませんよ。それより、なんで僕の電話を知ってるんですか?」と言うと、「まあまあ。それより何を買っていたんですか?」と言うので、金や白金を買って一〇〇〇万以上損した話をすると、「貴金属はダメですよ、儲かりません。それより農作物が面白いんですよ」というような話になり、声の感じがおだやかだったこともあり、その営業マンと喫茶店で会うことになったのでした。

普通なら、これだけ損をしたら先物取引はやめるところです。しかし、また始めた理由は、一三〇〇万円の借金分をなんとか取り返したいという気持ちがあったことと、どこかで自分のやり方が間違っていたのではないか、うまくやれば儲かるんじゃないかと思っていたからではないかと思います。それに、その中年の営業マンがなんとなく信用できるような気もしていました。

その営業マンに勧められて買ったのが北海道産小豆でした。業界用語では、アズキではなくショウズと言います。お金はさほどなかったので、大した金額ではなかったと思いますが、昭和天皇の体調が思わしくなくなった頃から、営業マンが小豆の売りを盛んに勧めるようになりました。

先物取引には、売りと買いがあり、値段が上がると思えば買いを入れ、下がると思えば売りを入れることができます。売りを勧める理由は、昭和天皇が崩御《ほうぎょ》されたら町から赤飯《せきはん》が消える、すなわち小豆の需要がなくなり値段が下がるというものでした。いま思えば子供騙《だま》しみたいな理由ですが、当時は「そういうこともあるかもしれない」と本気にしていました。結果は——ほとんど儲かりませんでした。

北海道産小豆のあとは、繭《まゆ》やら米国産大豆などを買ったり売ったりしていました。米国産大豆の相場は、シカゴの天気に左右されます。作付けのとき雨が降ると（豊作になるから）値段が下がり、干ばつになると値段が上がります。インターネットがない時代だったので、シカゴの天気なんてわかりません。そのときは、誰かアルバイトを雇ってシカゴに派遣しようなんて本気で考えたりしていました。

その後、先物会社を何社か替え、ダラダラと五年ほど先物取引をやることになるのですが、儲かった覚えはほとんどありません。

最後は、チンチロリンで勝った二〇〇〇万円を粗糖《そとう》の売りに全部つぎ込んだのですが、どういうわけか粗糖がどんどん値上がりして、持ちこたえられなくなって決済しました。残金はゼロ。二〇〇〇万は営業マンが「お詫びのしるしに」と言って持ってきたピースライト二カートンに替わりました。一本五万円もする恐ろしく高いタバコでした。そんな高いタバコを吸ったのは僕ぐらいなものではないかと思います。

先物取引をやるまで、僕はギャンブルをやる人間は堕落していると本気で思っていたので、パチンコや麻雀《マージャン》でさえ一切やったことがなかったのですが、先物取引をやったおかげで（最初は先物取引がギャンブルだなんて思ってなかったのですが）、その後ギャンブルばかりやるようになります。

ブラックマンデーのあと、うつ状態になっていたのですが、悪いことは重なるもので、数ヵ月の間に『MABO』の廃刊と、同時に編集していた『写真時代』の発禁がありました。『写真時代』の発行部数は三十万部以上になっていて、会社の大きな収入源でした。会社に大きな損害を与えてしまったことや、関わった大勢の人たちが警視庁に呼び出されたことに対する罪悪感でうつはさらにひどくなり、人に会うのもつらい状態になっていました。パチンコと出会ったのはそういうときです。たまたま入ったパチンコ屋さんで少し勝ったのがきっかけで、毎日通うようになります。

パチンコ屋さんにいると誰とも話をしなくていいし充実感もあるし、最初はうるさかった騒音も気持ち良くなってきて、パチンコ屋さんの中が妙に居心地良くなっていました。そのうち、パチンコ台が僕に「待ってたよ」とか「もうすぐ出るよ」とか話し掛けてくるようになり、完全なパチンコ依存症になっていました。

毎朝家を出て一応会社に向かうのですが、パチンコ屋さんの前を通りかかると吸い込まれるように入ってしまいます。

会社に行きたくないからダラダラ打って、負けると違う店に行ってまた打って、気がついたら夕方になっていたこともたびたびありました。

外に出るともう日が暮れかかっていて、帰宅の人たちが駅に向かっています。会社に行くのも億劫《おっくう》だし、なんだか自分が社会から落ちこぼれたような気持ちになって「こんなことしていていいのかなあ」と思っていました。そのうち、そういう孤独で侘《わ》びしい気持ちをパチンコをやってる人はみんな持っているんじゃないか、そういう人たちに向けてパチンコ雑誌を作ったら売れるんじゃないかと思うようになりました。

ある人がパチンコを一日中打って、負けてトボトボ家に帰る途中、缶コーヒーでも買おうとコンビニに入ります。するとそこにパチンコ雑誌があります。手に取ってパラパラ見ると、さっき打っていた台のことが載っています。他のページにはパチンコで勝ったり負けたりしたことが書かれています。パチンコは基本的に一人でやるものです。一日やっていればそれなりにドラマもあります。それを人に話しても、パチンコをやらない人だと「あ、そう」で終わってしまいます。でも、パチンコのことばっかり載っている雑誌があれば、その人の話相手になれます。そういう雑誌があることが、その人の励みになるはずです。その人はきっと、缶コーヒーと一緒にパチンコ雑誌をレジに持って行くはずです。

そういう僕の脳内マーケティングが当たったのか、一九八八年の暮れに出した『パチンコ必勝ガイド』はよく売れました。発売日に、気になって数軒のコンビニを廻ってみたのですが、売り切れになっているところもあって、嬉しくてそのコンビニでオデンを買ったことを覚えています。

自分が作った雑誌の創刊号の売れゆきは気になるものですが、『パチンコ必勝ガイド』は特にそうでした。

パチンコはまだまだマイナーな時代でした。『写真時代』の著者から「スエイはいつかパチンコ屋になったんだ」とか言われることもあって、売れなかったら恥ずかしいと思っていたし、それより何より『パチンコ必勝ガイド』が売れなかったら、僕のやるべきことが何もなかったからです。

先日テレビで「パチンコにハマる女」というドキュメンタリーをやっていました。パチンコ店にいると孤独が癒《い》やされるので毎日通うようになり、一〇〇〇万円の借金を作ってしまったという女性が出ていましたが、その女性は「パチンコ台が話し掛けてくれる」と言っていて、「あ、僕と同じだ」と思いました。パチンコで一〇〇〇万円の借金を作るなんてなかなかできることではないのですが、その番組は「パチンコをやったから一〇〇〇万円の借金ができてしまった」というストーリーになっていて、「パチンコは悪である」という考え方が根底にあるように思いました。

しかし、その女性はパチンコがあったから一時期孤独から逃れられたわけです。もしパチンコがなかったら、孤独に押しつぶされて自殺していた可能性だってなくはありません。「一〇〇〇万円で孤独が癒やされたのだから安いものだ」ということだって考えられます。僕は本当にパチンコに助けられたと思っているのでそう思うのかもしれませんが、パチンコで自殺をまぬがれた人だってきっといるはずです。

『パチンコ必勝ガイド』を出すようになって、それまでうしろめたさを感じながら打っていたパチンコが堂々と打てるようになり、ますますパチンコにのめり込むようになります。

僕は一時期三億円の借金を抱えていたのですが、先物の借金はその一割程度で、ほとんどは不動産を購入した借金でした。

『パチンコ必勝ガイド』を創刊した直後だったと思いますが、友達の紹介でKさんという不動産屋さんと知り合いました。不動産バブル末期の頃です。Kさんは港区にマンションをいっぱい持っていて、港区の長者番付で一番になったこともある人でした。「僕が持っているマンションを一つ売ってあげるよ」と言われたのが、借金三億円の始まりでした。「売ってあげるよ」と言われても、手元にお金はありません。しかし、この頃は銀行が一〇〇パーセント貸してくれました。不動産が値下がりするとは、銀行の人も思っていなかったからです。

最初に買ったマンションは四五〇〇万円でしたが、Kさんが水増しの売買契約書を作ってくれて、価格を四八〇〇万円にして銀行に持って行くと、なんと全額貸してくれたのです。なんだか儲かったような気分になって、差額の三〇〇万円を先物につぎ込んでいました。

このやり方でマンションや土地を買いまくりました。八〇〇〇万円ぐらいのマンションを買ったときは、一〇〇〇万円ぐらい上乗せして借りたと思います。毎月の支払いが自宅のローンも入れると一〇〇万円を超えていましたが、マンションはすべて人に貸して家賃収入があったので、それをローンの支払いに回していました。それでも、収入のほとんどはローンで消えてしまいます。しかし、ここは我慢のしどころ、一年経てば不動産は一・五倍ぐらいにはなる——と思っていたら、例の総量規制が始まり、不動産価格が急に下がり始めました。俗にいうバブル崩壊です。

その後、十年ほどの間に持っていた不動産をほとんど売りましたが、どれも買ったときの半値以下になっていました。

不動産を売ったお金は銀行に払うのですが、マイナス分の残債が残ってしまいます。それを毎月ローンで払っていたのですが、物件を売ってしまったのにローンを払い続けるのが馬鹿馬鹿しくなってきて、Kさんに相談しました。

Kさんも三〇億円ほどの借金を抱えていたのですが、「僕は毎月五万円しか払ってないですよ」と言います。Kさんに聞くと、まず毎月の支払いをストップする、そうすると三ヵ月後に銀行から電話が来るから、その時点で銀行と交渉すればいい、と教えてくれました。

言われた通り支払いをストップして三ヵ月経った頃、確かに銀行の人から「どうしましたか？」という電話が掛かってきました。「いや、もう払えないんですけど」と言うと「こちらに来てください」と言います。交渉の場が設けられることになったわけです。

八五〇〇万ぐらいの残債が残っていた銀行には、Kさんと一緒に行きました。Kさんから「毎月二万円ぐらいしか払えないと言ったほうがいいですよ」と言われていたのでそう言うと、「冗談じゃないですよ。話になりません」と銀行の人は言います。銀行の人を怒らせてしまったから訴えられたりするのかなと思ったのですが、銀行からはそれ以来何も言ってきません。何も言ってこないから、ローンの支払いはストップしたまま五年が経ちました。

正確に言うと四年と八ヵ月です。借金は五年経つとチャラになると人から聞いていたので、もう大丈夫と思っていたのですが、あと四ヵ月というところで捕まってしまいました。時効直前に捕まった犯人みたいな心境でした。

ちょうどその頃、離婚問題でゴタゴタしていて、慰謝料その他でお金がなかったのですが、なんとか三〇〇〇万円だけ集めて弁護士さんを頼んで銀行側と交渉してもらったら、その三〇〇〇万円で八五〇〇万円の借金を帳消しにしてくれることになったのでした。

銀行の人と会うとき、僕はわざとボロボロの服を着て行きました。「これでよろしくお願いします」と言って三〇〇〇万円渡すと、銀行の人も恐縮した感じでした。借金を踏み倒すのは良くないことですけど、銀行だって何も考えずにボンボンお金を貸していたわけですから、全部こっちに非があるというのはおかしいと思って自分を納得させました。

八五〇〇万円の借金がなくなってずいぶん楽になりました。しかし、それで借金がなくなったわけではなくて、いまも四五〇〇万円ほどの借金を銀行と交渉して毎月五万円ずつ返しています。返し終わるまであと七十年ぐらいかかる計算ですが、自分のことながら、もう人生を超越しているような話です。

借金で苦しんでいる人は、ないものはないと居直ってしまえばいいんじゃないかと思います。別に命まで取られるわけではありませんから。それで、自分で返せる範囲で返していけばいいのです。それがたとえ毎月千円でも。それができなければ自己破産という手段もあります。自己破産した人も知っていますけど、ちゃんと生活しています。それに、何も持たない無一物《むいちぶつ》の人だって世の中にはいっぱいいるのですから。

二人のホームレス

僕がパチンコの次に覚えたギャンブルは麻雀《マージャン》でした。

『漫画パチンカー』という雑誌を編集していた麻雀好きのOくんから、「末井さーん、麻雀覚えてくださいよお」と言われ、麻雀入門の本を渡されたのがきっかけでした。Oくんは、昼間っから麻雀できる環境を作ろうとしていたのかもしれません（僕が加わればお墨つきみたいになりますから）。

しばらくして、パチンコの原稿を書いてもらっていた山崎一夫《かずお》さんが、「末井さん、麻雀覚えたんだって？」と言ってニコニコしながら現れ、Oくんともう一人の編集者を誘って雀荘《じゃんそう》に連れて行ってくれました。

このときは、僕だけオープン牌《はい》だったと思います。山崎さんは「あ、それ引いたの。じゃあこれを切って」とか言って教えてくれるのですが、テンパっても誰も振り込んでくれません（当たり前ですが）。

早くみんなと対等に麻雀できるようになりたいと思って、通販で中古の自動卓を買って一人で練習なんかして、なんとか普通に打てるようになったのですが、最初のうちは負けてばかりで、それが悔しくてまた自動卓で練習、みたいなことをやっているうちに、だんだん麻雀にハマっていったのでした。

麻雀にハマると、夕方になるとソワソワして仕事が手につきません。麻雀の誘いの電話が来るとイソイソと会社を飛び出し、たいていは朝方まで麻雀です。

タクシーの座席に身を沈め、白んでいく空をボンヤリ眺めながら家に帰ると、妻に「また麻雀？」とあきれたように言われ、返事をする気力もないままベッドに潜り込みます。会社に行っても眠くて眠くて、まったく頭が働きません。そういう生活をしていると、罪悪感にさいなまれるようになります。パチンコのときと同じで、麻雀をなんとか仕事にしないといけないと思って作ったのが、『漫画雀王《まんがじゃんおう》』という雑誌でした。

この雑誌で、西原理恵子《さいばらりえこ》さんと山崎一夫さんと僕がレギュラーになって、毎回ゲストを呼んで高レートの麻雀をするという「デカピンでポン!!」という連載がありました（これはのちに単行本になっています）。何回目かは忘れましたが、そのゲストに田中健二郎さんを呼ぼうということになったのでした。

田中健二郎さんはプロ麻雀師の元祖のような人で、『プロ麻雀』という雑誌で「地獄のジャンブラー」という連載をしていて、それを読むといまは浅草でホームレス生活をしている方のようでした。

『プロ麻雀』の人に、田中さんに連絡してもらうよう頼んでおいたら、一ヵ月後にフガフガの声で「タ・ナ・カです」という電話がありました。企画の主旨を話したら「やります」と言うので、「来週の月曜日、十二時に高田馬場《たかだのばば》に来てもらえませんか？」と言うと、しばらく間があって「私はホームレスで……」と言います。ホームレスだから遠慮しているのではないかと思って、「それはわかってますから大丈夫です。じゃあ来週の月曜日、ビッグボックスの前で」と言って電話を切りました。

約束の日、「黒い服で黒いカバンを持って駅で待ってます」という電話があったので、急いで行ってみると、黒いジャンパーに黒いショルダーバッグを持った老人が、ニコニコしながら立っていました。ヒゲも剃《そ》り、髪も整え、服もきれいで、とてもホームレスには見えません。

あとで知ったことですけど、「私はホームレスで……」という言葉の裏には、無一文状態で、しかも持病があって体調が悪いのでいつ倒れるかわからないから、できれば早めに、それも高田馬場じゃなくて浅草にして欲しい、というような意味が込められていたようです。ホームレスということは知っていても、僕はそこまで想像できませんでした。お金がないから浅草から歩いて来たと聞いたときは、本当に悪いことをしたと思いました。しかも、道がわからないから地下鉄銀座線の駅をたどって渋谷まで歩き、渋谷から山手線に沿って高田馬場まで歩き、約束の時刻より二時間も早く着いて、行くところがないから高田馬場をグルグル歩き回っていたと言うのです。歩く超人みたいな人です。

田中さんはお金がないので、ギャラの三万円を先に渡し麻雀しました。よく覚えてないのですが、田中さんが少し勝ったと思います。

麻雀が終わって四人で食事をしたとき、田中さんは競馬の話をしました。拾った一〇〇円で万馬券を当てて、いま着ている服を買ったとか、パドックで馬を見ればどの馬が一着になるかわかる、その方法をホームレスになって体得した、というようなことを話していましたが、田中さんは多くを語らないので、西原さんも山崎さんも聞き流していたようです。しかし、多くを語らないからこそ、逆に信憑性《しんぴょうせい》があるように僕は思ったのでした。

実は、その一年前、競馬で三七二万円取ったことがありました。会社で発行している『競馬王』という雑誌で、競馬の素人である僕と、競馬経験者である漫画家の土田世紀《つちだせいき》さん

（二〇一二年に亡くなりました）とで、どちらが先に一〇〇万円勝ち越すか、という連載をすることになって、その一回目の取材で編集者やカメラマンたちと中山競馬場に行ったのでした。

まず、パドックでの馬の見方を故・大川慶次郎《おおかわけいじろう》さんに教わり、六レース目で生まれて初めて馬券を買ったのですが、当然ながら外れました。次の七レースで、パドックでお尻がプリプリした馬を選び、馬連で一万円ずつ三点買いました。そのあとみんなで食事をしていたら、周りがザワザワしだして「万馬券、万馬券」という声が聞こえてきます。どうせ外れるだろうと思ってレースは見ていなかったのですが、買った馬券を見ると、なんと当たっていました。それからは大騒ぎで、高額払い出し窓口で札束を受け取るところを写真に撮られたり、寿司屋で宴会やったりで、連載は一回目で終了です。この話はすぐに広まり、借金の申し込みがあったり、伊豆の高級旅館にみんなを引き連れて行ったりで、三七二万円はあっと言う間になくなりましたが。

最初に大勝ちすると競馬に狂ってしまうと聞いたことがありますが、僕はどうせマグレだろうと思って、そのあと競馬はやりませんでした。しかし、自分に馬を見る目があるかもしれないという気持ちが、少しだけあったかもしれません。田中さんの「パドックで馬を見れば……」という話に興味を持ったのは、そういう気持ちがあったからだと思います。競馬の話をもっと聞きたくなって、一週間後に浅草の雷門《かみなりもん》前で会う約束をして田中さんと別れたのでした。

それから三日後、田中さんと無性に会いたくなって、浅草まで行ってみることにしました。競馬の話を早く聞きたいということもありましたが、田中さんに会いたいという気持ちが先行していたと思います。田中さんと馬が合ったというか（笑）、笑われるかもしれませんが、恋愛に近い感じじゃなかったかと思います。

田中さんを探して浅草をウロウロ歩き回っていると、ホームレスの人がやたら多いことに気がつきます。ひょっとして、ホームレスの人にとって、浅草は暮らしやすい町なのかもしれません。

田中さんが、雷門を一日六回は通っていると言っていたことを思い出し、雷門で二時間ほど待ってみましたが、田中さんは現れませんでした。

一週間後、約束の時刻より十分早く着いたのですが、田中さんはすでに来ていて、僕を見るとニコニコしながら近づいてきます。昔からの友達に会ったような、ホッとした気分になりました。

近くの喫茶店に入り、四日前に浅草に来たことを話すと、会えなかったことをすごく残念がっていました。田中さんのネジロは、浅草寺の裏手にある倉庫の軒下《のきした》だそうです。

十二月だったので、寒くて大変じゃないかと思いましたが、冬のほうが楽で、夏のほうがアスファルトの熱で眠れなくて辛いのだそうです。

浅草寺の前に線香を焚《た》いているところがありますが、その縁《ふち》に一円玉を並べるホームレスがいるそうです。お参りに来た人が線香の煙を頭に掛けていると、その一円玉が目に入ります。「そうか、ここにお賽銭《さいせん》を置くと御利益《ごりやく》があるんだな」と思い、十円玉か百円玉を置きます。すると、陰で見ていた一円玉を置いたホームレスが、すかさずそれを取って行くそうです。そういう話や、ホームレスで生きて行く関門はゴミ箱の食べ物が食べられるかどうかで、そこでみんな脱落するとか、自分は日中うずくまっているホームレスにはなりたくないとか、浅草でホームレスに人気があるアイスクリーム屋があるとか、田中さんは普段人と喋《しゃべ》ってないからか、話が止まりません。日中はいつも歩き回っているようで、歩いていれば段ボールや毛布が見つかるかもしれないし、お金を拾うかもしれないと言うのですが、プライドが高い田中さんは、人からホームレスに見られたくないという気持ちもあるのではないかと思ったりしました。

そして鰻屋《うなぎや》さんに場所を移して、いよいよ競馬の話です。馬も人間と同じで、「今日は走りたくない」という馬もいれば、前日から気合いが入り過ぎてクタクタになっている馬もいる、走る直前の馬を見ないといけない、馬が良ければ屋根（騎手）も印《しるし》（人気）も関係ないと田中さんは言い、走る馬を見分ける方法をいくつか教えてくれました。そして一番重要なのはその馬にオーラがあるかどうかで、そのオーラは競馬場に行って真近で見ないとわからない、自分にはそれが見えると言います。

僕に三億円の借金があるという話をすると、急に厳しい目つきになり、「すぐ競馬で返せます」とキッパリ言います。その言葉で、田中さんと競馬をやってみようと思ったのでした。


日記を見ると、田中さんと最初に競馬場に行ったのは、一九九六年の一月十三日でした。東京競馬場のパドックに九時半集合ということでしたが、僕は中山競馬場のことを東京競馬場というのだと勘違いしていて、千葉の中山競馬場に行ってしまいました。

パドックに行くとシートが掛かっていて、田中さんがいません。そのうちテレビにパドックが映し出されて馬が歩いています。「あれ、どこで馬が歩いてるんだろう？」と思った瞬間、自分がとんでもないところに来ていることに気づきました。中山競馬場が閉まっていればもっと早く気づいたのに、場外馬券売り場として開いていたのです。

あわてて駅まで走って、武蔵野線に乗って府中《ふちゅう》に向かいました。武蔵野線の駅の多さにイライラしながら、府中本町《ふちゅうほんまち》に着いたのが十一時過ぎでした。走って東京競馬場のパドックに行くと大勢の人でごった返していて、なかなか田中さんを見つけられません。馬を見るときはパドックの最前列、馬が出て来るところの反対側で見る、と田中さんが言っていたことを思い出し、そのあたりに行ってみると、黒い服を着た耳の尖《とが》った人が最前列にいました。後ろ姿でもすぐに田中さんだとわかります。僕が中山競馬場に行ったことを話すと、「それでよく競馬雑誌を出してるね」と笑いながら、「早く来れば二レースが当たっていたのに」と言います。

しばらくして、五レースに出場する馬がパドックに出て来ました。田中さんは急に真剣な顔になり、馬をギッと睨《にら》むように見て、競馬新聞に赤のサインペンで印を入れていきます。田中さんが選んだ馬は三頭で、その馬番を僕がメモして馬券を買いに行きます。お金は一二〇万持っていましたが、まだ田中さんを全面的に信用していたわけではないので、控えめに五万円ずつ馬連で六点買いました。買う前にオッズを見たら、どれも一〇倍以下でガッカリしました。

田中さんはレースが始まると次の馬がパドックに出て来るので、基本的にレースは見ません。しかし、五レースのあとは昼休みになるので、一緒に食事しながらテレビでレースを見ていたら、なんと田中さんの予想通りに入ってしまいました。僕は「しまった」と思いました。もっと買っておけば良かったと。

配当は七三〇円で三六万五千円回収したのですが、六万五千円しか勝っていません。田中さんは厳しい顔になって、本当はここで帰るところだと言います。当たった時点で帰るというのが田中さんの競馬のやり方で、一回当たると集中力がなくなるからだそうです。しかし、僕がまだやりたがっていたので付き合ってくれることになったのですが、確かにそのあとまったく当たらなくなり、どんどんお金がなくなるにつれ、田中さんを疑うようになります。

十一レースでやっと当たったのですが、配当が低くてまだ六〇万円ほどマイナスでした。でも、今日は諦《あきら》めてこれで帰ろうと思っていたら、田中さんが怖い顔をして僕のところに来ます。競馬新聞の切れ端に最終レースの予想を三通り書いて僕に渡して、これは絶対自信があると言います。

僕は、次の日の資金のため手元に四〇万ほど残し、残りを田中さんの言う通りに買い、最終レースなので二人でスタンドに行ってレースを観戦しました。最終コーナーを曲がって直線コースに入りました。田中さんが予想した一頭が先頭を走っています。田中さんをチラッと見ると、目を細めて馬に念を送っているような表情で見ています。そして、田中さんが予想した三点のうちの一点が入りました。二人で小躍りして喜びました。

配当は六・四倍に下がっていましたが、一四万買っていたので九〇万ほどになり、トータルでプラス一〇万円。儲けはわずかでしたが、「もうダメだ」と思っていたから喜びもひとしおでした。

その後、毎週土日は田中さんと競馬場に行くようになりました。だいたい一〇〇万から一五〇万ほど持って行き、それが一・五倍になったら帰る、という競馬をやっていたのですが、計算すると三ヵ月で七五〇万円ほど勝っていました。そうなるとみんなに自慢したくて、競馬で勝っていることを言いふらしたら、「じゃあ俺も連れて行け」と言う人が何人か出てきました。その人たちが田中さんを信用して、田中さんの言う通り買えば問題なかったのですが、オッズが低いと「それ本命じゃない？」とバカにしたように言ったり、二、三レース外すと田中さんを信用しなくなったりで、田中さんのプライドが傷ついたのではないかと思います。その頃からです、田中さんの予想が当たらなくなったのは。

僕は、レートを上げて毎回二〇〇〇万円持って行けば一ヵ月で八〇〇〇万稼げるから借金はすぐ返せる、なんて本気で思っていたのですが、持って行ったお金がゼロになる日も多くなってきたので、レートを上げるどころの話ではなくなりました。しかし、もうすぐ田中さんがスランプを抜け出すだろうと、夏競馬に入る前までやって、トータルで二五〇〇万ぐらい負けたところで競馬をやめました。

競馬をやめた理由はもう一つあります。

田中さんには弟さんがいて、弟さんもギャンブルが好きな人だったようです。新聞の勧誘の仕事をしていて、親方から一軒家をあてがわれたので、ホームレス生活をしている兄貴が可哀想《かわいそう》だからと、浅草中を探して田中さんを見つけて、その家で一緒に住むことになったのでした。この話を田中さんから聞いたとき、本当に良かったと思いました。

僕は、競馬で勝ったらその一割か二割のお金を田中さんに渡していたのですが、田中さんはそのお金を持って浦和競馬とかに行って、たいていすぐなくなっていました。だからいつまで経っても路上暮らしなので、持病もあるからどこか安いアパートでも借りてあげたいと思っていたからです。

ところが、十日ほどで田中さんは弟さんの家を出てしまいました。その理由は、田中さんがよく風呂に入るため、光熱費が上がったということでした。それで弟さんが怒り出して、田中さんを家から追い出したのです。僕は「えっ?」と思いました。田中さんを探して浅草中を探した弟さんが、そんなことで家から追い出すのかと。

弟さんは競輪好きで、お金があるとすぐ競輪に行っていたそうです。おそらく、光熱費の上がった分があれば競輪に行ける、と思ったのではないかと思います。そう思ったとき、川のようなものが見えた気がしました。田中さんも弟さんも、帰って来れないギャンブルの川を渡ってしまった人ではないかと。
その川を渡ると、ギャンブルをやっているときが生きているときで、やらないときは死んだようになります。その川岸まで自分も来ているんじゃないかと思ってゾッとしました。そのときから、競馬はおろか、ギャンブルそのものから覚めたような気がします。

ギャンブルをやるとき、もちろん勝つつもりでいるわけですけど、負けることのほうが多いことはそれまでの経験からよくわかっています。勝つか負けるか、そのハラハラドキドキ感が魅力ではあるのですが、負けたときの意識がスーッと抜けていく感じや、放心した状態というのも結構気持ちいいものです。

それは、死の快感に似ているのかもしれません。自殺を思い留まって欲しいと思って書いている原稿なのに、こんなことを書くと本末転倒ですが、ギャンブルは疑似自殺のようなもので、勝ったらもちろん嬉しいのですが、負けたら負けたで魂が抜けてフワフワ気持ち良くなったり、負けているところから逆転すると「ああ、生き返った!」と思って喜んだり、勝っても負けても楽しいわけですから、なかなかやめられないのかもしれません。

それと、ギャンブルをやる人はよく「溶ける」と言いますが、まさに一瞬でお金が溶けてしまいます。お金で何か買っても、買った物が残ります。贅沢な食事をしても、そのときの記憶が残ります。寄付をしたとしても、寄付をしたという満足感が残ります。しかし、ギャンブルは不条理というか、持っていたお金が一瞬で消えてしまい、お金を遣《つか》った満足感も領収書も何も残りません。まさにお金を捨てたときと同じ状態です。

お金に対する気持ちは複雑です。聖書にイエスの言葉として「富んでいる者が天国にはいるのは、むずかしいものである。また、あなたがたに言うが、富んでいる者が神の国にはいるよりは、らくだが針の穴を通る方が、もっとやさしい」（マタイ19－23～24）と書かれています。聖書に従えば、お金を持つことは不幸になることですが、ないと不安になるのも事実です。そういうややこしいものが世の中からなくなってしまえばいいのですが、それは無理です。

「お金を捨てたい」と言うと、「そんなの嘘に決まってる」と思われるかもしれませんが、お金が欲しいと思う反面、お金を捨てたいという気持ちが、僕の潜在意識の中にあるのかもしれないと思ったりすることがあります。

聖書には、宣教に旅立つ十二人の弟子たちにイエスは、「旅のために、つえ一本のほかには何も持たないように、パンも、袋も、帯の中に銭も持たず、ただわらじをはくだけで、下着も二枚は着ないように命じられた」（マルコ6－8～9）とあります。

長い旅に出るのに「杖《つえ》と履物《はきもの》以外は何も持つな」ですよ。これを読んだとき「カッコいいな〜」と思ったのでした。杖以外は何も持つなと言うイエスも、それに従う弟子たちも純真でカッコいいのです。

吉田さん（仮名）という人から突然電話が掛かってきました。大阪の知人の知り合いらしく、その知人から「東京に行ったら末井さんを訪ねたら?」と言われたことがあるそうで、近くまで来ているということだったので、その吉田さんと会うことになったのでした。

吉田さんは僕と年が同じくらいのオッサンでした。和歌山で地方誌の編集をしていたそうです。その地方誌が廃刊になって、東京にある印刷屋さんで働いていたのですがそこをクビになって、昨日までお寺にいたと言います。

そのお寺は失業者を救済していて、三ヵ月間は寝泊まりできるのですが、三ヵ月経ったら出て行かないといけないそうで、そのお寺を「昨日追い出された」と吉田さんは言います。何か仕事をやらせて欲しいと言うのですが、住むところもないわけですから、失礼とは思いながらも「お金は持っているんですか?」と聞きました。すると、吉田さんはポケットの中をゴソゴソしながら小銭を取り出しました。テーブルに置いたお金は三〇〇円でした。僕は「えっ?」と思いました。三〇〇円しか持ってないのに、吉田さんは困った顔をするでもなくニコニコしているのです。このとき、吉田さんが宣教に旅立つペテロに見えたのかもしれません。

僕は吉田さんに一万円渡し、風俗店なら住み込みで働けるところがあるかもしれないと思って、風俗ライターをやっている島本慶《しまもとけい》さんの事務所に吉田さんを連れて行きました。

島本さんの事務所にはライターや編集者が五、六人いるのですが、吉田さんのことを話すと、みんな親切にお酒やら小銭やらを吉田さんに渡していました。住み込みで働ける店をネットで探してもらったのですが、残念ながら年齢制限があってダメでした。

その三日後に吉田さんとまた会いましたが、仕事がすぐあるわけではありません。それでまた一万円渡し、また数日後に一万円、ということを繰り返していると、僕の中にいつまでお金を渡さなければいけないのだろうかという不安が生じてきます。それで、会社の総務部に無理を言って、三ヵ月間だけという条件でアルバイトで働いてもらうことにしました。

しかし、住所不定ではマズいので、まず住むところを決めなくてはいけません。家賃の安いアパートを吉田さんに探してもらうことにして、給料が入るまでの生活費も含めて三〇万円貸しました。幸い、家賃の安いアパートがすぐ見つかったようで、僕が保証人になってそのアパートを借りてもらいました。

それから吉田さんは会社に毎日来るようになったのですが、多少異質な感じはあるものの編集部になじんでいたので、ひとまず安心しました。

あるとき、上野の博物館に装丁《そうてい》に使う写真を借りに行ってもらったのですが、帰って来るまで随分《ずいぶん》時間が掛かったので「どうしたんですか？」と聞くと、上野公園を歩いているとホームレスの人たちのための炊き出しがあって、その列に自分も並んだと言います。僕は「えっ？」と思いました。普通、会社に勤めている人が勤務時間中に炊き出しに並んだりしません。あるいは、僕が食に不自由なく生活できているからそう思うのかもしれませんが、とにかく、吉田さんは僕の想像を超えたところにいる人じゃないかとそのとき思ったのでした。

あるとき、僕が仕事をしていると、吉田さんがうしろに立ってニヤニヤしています。「どうしたんですか？」と聞くと、僕の耳元で「僕、女の子にモテるんですよ」と嬉しそうに言います。このときも「えっ？」と思いました。「いきなり何を言い出すんだ、このオヤジは」と。

一週間ほど経って、吉田さんからお金を貸して欲しいと言われました。このときも「えっ？」と思いました。三〇万円貸していたので、アパートの費用を差し引いてもまだ一〇万円ほど残っていると思ったからです。理由を聞くと、和歌山の知人に借金していて、その人がガンになったので借金を返さないといけないからだと言います。仕方なく一〇万円貸したのですが、しばらくするとまたお金を貸してくれと言います。

そのうち、お金がすぐなくなる原因が薄々わかってきました。お酒です。それも、アパートで飲むのではなく、飲み屋に行って飲むのが好きで、しかもお金があると誰彼なくおごってしまうのです。吉田さんが言う「女の子にモテる」というのは、やたらおごるからではないかと思ったりしました。

しばらくして、飲み屋から「お宅の会社に勤めている吉田さんって方が名刺を置いてったので電話してるんですけど、どなたか払ってもらえませんかね」という飲み代の請求が会社に来ました。吉田さんに原稿依頼を任せていた著者から、「吉田さんという人が、お金をなくしたから三万円貸して欲しいと言うので貸しました」という電話がありました。島本さんのところにも借金の申し込みがあったそうです。ひょっとして社員の人たちからも借りているのではないかと不安になっている頃、吉田さんとの契約期間が終わりました。僕は三ヵ月のアルバイト期間中に吉田さんが次の仕事を見つけて、なんとか生活を維持していくものと思っていたのですが、それは僕の勝手な想像だったようです。

吉田さんが辞めてしばらくして、吉田さんが部屋を借りていたアパートの大家さんから電話が掛かってきました。その大家さんは女性で、吉田さんがまだ一度も家賃を払ってくれないと言うので、またまた「えっ？」と思いました。しかも、吉田さんにお金まで貸しているると言うのです。「それで吉田さんはどうしたんですか？」と聞くと、まだ部屋にいると言います。僕は「保証人ですから三ヵ月分だけは払いますけど、あとは責任持ちませんよ」と言ったのですが、吉田さんに部屋を貸したその大家さんが気の毒になりました。

それからしばらくして、吉田さんからメールが来ました。たぶんネットカフェからメールしたのだと思います。いろいろ迷惑をかけて申し訳ない、再起をするのでお金を貸して欲しい、という内容でした。僕はもう吉田さんを信用できなくなっていたので、「もうお金は貸しません」という返信をしました。すると「じゃあ、死ぬしかありませんね」というメールが来ました。一瞬、吉田さんがアパートで首を吊《つ》っている姿が脳裏をよぎりました。美子《よしこ》ちゃんに言うと「それ、脅迫じゃない？」と言います。言われてみれば「お金を貸さなきゃ死んでやる」ということですから、脅迫に違いありません。島本さんに電話すると「死なないですよ、ああいう人は」と言います。島本さんはいろんな人を見てきているので、それを聞いて少し安心しました。

吉田さんは、依存できる人がいると、徹底的に依存する人だったと思います。僕は若い頃から独立心が強かったので、人に依存することが嫌いな性格です。だから、余計に吉田さんに対する拒否反応が出たんじゃないかと思います。

しかし、吉田さんが現れてから起こるいろんな出来事を、被害者には悪いと思いながらも、僕はどこか楽しんでいたようなところがあります。あるときひょこっと一人の男が現れて、その人が周りをメチャメチャにする、みたいなことって、すごく楽しいじゃないですか。恐るべし吉田さんです。

僕は、吉田さんのような丸腰というか、無一物《むいちぶつ》の人に弱いところがあります。と言うより、畏敬の念さえ持っています。吉田さんだけでなく、田中健二郎さんに興味を持ったのも、馬のオーラが見えるからというだけでなく、田中さんが無一物の人だったからだと思います。

田中さんと競馬場に行くことをやめたあとも、僕は田中さんが一週間なんとか生きていけるぐらいのお金を、田中さんの口座に毎週振り込んでいました。

田中さんは、僕にお金を貸してくれとか一度も言ったことがありません。だから、田中さんにお金を振り込むのは、僕が勝手にやっていただけのことです。月曜日にお金を振り込んだら（土日にお金があると競馬をやるので）、そのすぐあと田中さんから「ありがとうございます」と一言だけの電話があり、その電話で「ああ、生きているんだ」と思ってホッとしていました。

それを十五年続けましたが、あるとき魔がさしたというか、銀行に行ったとき、「なんでこんなことやってんだろう？」と思ったら、とたんに振り込めなくなってしまいました。

お金は悪魔だと思っていても、それを捨ててしまえない僕は、無一物の人にコンプレックスを持っているのかもしれません。

本当は、お金があっても、お金がなくても、お金にこだわらなければいいだけの話なのですが、貧乏を経験している僕は、なかなかお金から自由になれません。

だからお金のことで自殺する人の気持ちはよくわかります。反面、お金のことなんかで絶対自殺して欲しくないと思うのは、お金の束縛から自由になりたいと思っていることの投影でもあると思います。

いずれにしても、借金が払えなかったら払えなかったでなんとかなるし、田中健二郎さんや吉田さんのような無一物の人だって、ちゃんと、ちゃんとかどうかわかりませんが、それなりに生きているのですから、お金のことで深刻に悩んで自殺したりするのは、本当に馬鹿馬鹿しいと思ったりするのです。

秋田県の憂鬱

平成二十三年度の都道府県別自殺者の数が、警察庁のホームページに発表されています。それによると、一位は東京都の三一二〇人、次いで大阪府の一九二四人、神奈川県の一八五二人と続きます。最も低いのが徳島県の一五〇人ですが、当然ながらこの数は人口と比例しています。

しかし、人口一〇万人に対する自殺者の数に直すと、順番がガラッと変わってきます。この数値を自殺率というのですが、平成二十三年度の都道府県別自殺率は、一位が山梨県（三六・一）、二位が秋田県（三二・六）、三位が新潟県（三〇・五）、四位が岩手県（三〇・一）となっています（ちなみに、一番低いのは奈良県の一七・〇）。この警察庁の統計は、自殺が起こった場所をもとにしていて、山梨が一位なのは、樹海があって、他県から来て自殺する人が多いからです。

それとは別に、自殺者の住所をもとにしている厚生労働省の統計があり（210ページ。計上の仕方が異なるので、全体の数字も違います）、それを見るとワースト3は秋田、岩手、宮崎となっています。そして、その中でも常にトップにいるのが秋田県なのです。

『秋田県の憂鬱《ゆううつ》』という冊子があります。平成四年に秋田大学医学部法医学教室の吉岡尚《よしおかなお》文《ふみ》教授によって作られたもので、そのまえがきにはこう書かれています。


秋田県の自殺率がここ数年全国1位であり、過去においても常に上位であるという不名誉な事実は、新聞等の報道で既に周知の事と思われる。その背景は、その原因は、と問われると簡単に返答できないもどかしさがあり、対策の立てようも見い出せないままになっているのが実情であったと考えられる。

自殺は個人のプライバシー、あるいは家族のプライバシーが複雑に交錯しているため、正面から眼を向けることがはばかられる部分を有している。しかし、県内では毎年、交通事故死の数倍の人達が自ら命を絶《た》っている現状を、ただ仕方がないのだということで見過ごす訳にはいかないのではないだろうか。高齢者の自殺が極めて高率な秋田県にとって、これから県民の高齢化率が急上昇する前に何らかの対策を考えておかねばならない。

そういう趣旨で吉岡教授が調査した、秋田県の自殺者数の推移、年齢、動機などの統計と、高齢者へのアンケート結果が載った冊子です。

僕は、担当編集者の鈴木久仁子さんから『秋田県の憂鬱』の話を聞くまで、秋田県が自殺率一位ということをまったく知りませんでした。というか、そういう統計的なことにまったく関心がなかったのです。鈴木さんが吉岡先生から取り寄せた『秋田県の憂鬱』を渡してくれても、パラパラっとめくっただけでした。

しかし、なぜか「秋田県の憂鬱」という言葉が頭から離れませんでした。秋田県自体が重いうつ病に罹《かか》っているようなイメージを思い浮かべ、いつか秋田に行ってみたいと思っていました。

と言っても、実は秋田には何回も行っているのです。温泉好きの美子《よしこ》ちゃんと行った玉川温泉が最初で、ここはガンに罹った人が多く来ています。ガスが吹き出ているところにゴザを敷いてみんな寝ているのですが（地熱があるので）、その光景が面白くて三回も行っています。あと乳頭《にゅうとう》温泉郷の鶴の湯にも三度ほど行きました。まあ、温泉ばかりなのですが、お湯もいいし食べ物もおいしい秋田が実は悩んでいたとは、そのとき知るよしもありませんでした。

秋田に取材に行くといっても、ただ町を歩いただけでは何もわかりません。やはり『秋田県の憂鬱』を作られた吉岡先生にお話を伺《うかが》うのが一番ではないかと思い、インタビューさせていただくことにしたのでした。

吉岡先生は九月（二〇一二年）で秋田を去り、岩手に行かれるとのことで、秋田大学にいる最後の日に時間を取っていただき、お話を聞くことになりました。

「憂鬱」がいつまでも続く

——『秋田県の憂鬱』を読ませてもらったんですけど、そのタイトルがずっと頭に残ったんですね。『秋田県の憂鬱』ってすごいなと思って（笑）。秋田県が頭を抱えているみたいなイメージですね。

いまにして思うといいネーミングだったかもしれませんね。

——そのあと『秋田県はまだ憂鬱』『秋田県はいまも憂鬱』と、憂鬱三部作を作られるんですけど、このタイトルも面白いと思いました。憂鬱がいつまでも続くんですね。この冊子を作るに至ったことからお話を聞かせてもらえればと思うんですけど。

私の仕事は法医学なんです。当然ご遺体に接する機会がすごく多いわけです。で、そのとき自殺された方に頻繁《ひんぱん》に接するということで、秋田は自殺が多いのではないかなという印象を持ったんですね。実際、厚生省（当時）が毎年出している白書を見たら、秋田県の自殺率が高いということだったので、少し遡《さかのぼ》って調べてみることにしました。

最初に調べ始めたのが昭和の末期頃からのデータです。そのとき、県内の北から南からお年寄り二〇〇〇人ぐらいを対象に、アンケート調査も合わせてやりました。当時、お年寄りの自殺をなんとかしないといけないんじゃないかっていうことがあったもので、高齢者に絞って初期の頃はやっておりました。それを『秋田県の憂鬱』という冊子にまとめて、五〇〇部ぐらい刷ったんでしょうか。県とかマスコミとかいろんなところにお持ちしたんですけど、当時は、自殺を扱うということをみなさん意識的に回避するような傾向があったんですね。マスコミなんかも自殺という活字を載せることをまだ躊躇《ちゅうちょ》していた時代でした。

県はもちろん腰を上げるわけはなかったですから、有志といったらいいんでしょうか、理解してくれる人たちで「秋田県の憂鬱を考える会」というのを勝手に組織して、定期的に集まってどうしようかということを話し合ったりしていました。

――秋田県の自殺率は不動の地位と言いますか、平成元年からの順位を見ましたけど、二年間（平成五、六年）を除いてワースト1位ですね。

昭和五十七、八年頃からでしょうかね、ワースト1になったのは。しかし、秋田県は昔から高かったですね。昭和四十年代の末頃、県庁の人が秋田県の高齢者の自殺率が高いのでなんとかしなければいけないということを、内部で問題にしたことがあったんだそうですよ。だけども「お前何言ってんだ」と言われて葬《ほうむ》られてしまったということを、『秋田県の憂鬱』を出したときにその当事者の方からお聞きしました。

――当時は、秋田がワースト1であるというようなことはあまり知られてなかった？

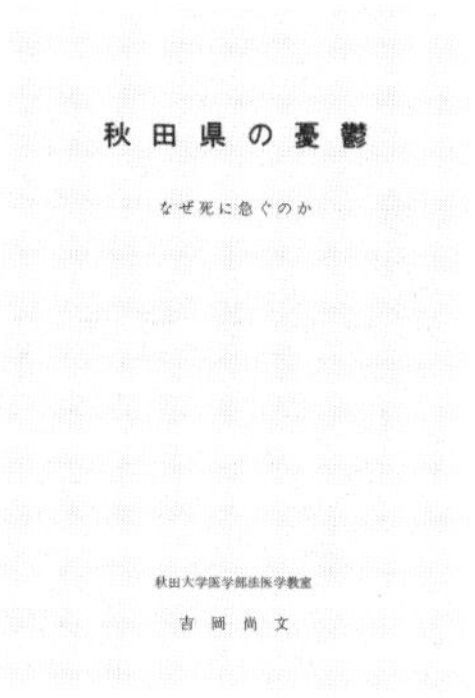
秋田県の憂鬱
なぜ死に急ぐのか
秋田大学医学部法医学教室
吉岡尚文

秋田県の憂鬱

知られてなかったですよね。というか、当時はどこの県も自分の県の自殺者の数とか率とかっていうのは把握してなかったんじゃないでしょうかね。

――で、『秋田県の憂鬱』を出されて、反響はどうでした？

反響は何もないです（笑）。まったくないです。県庁にも行って、いまの健康福祉部に該当するところを訪ねたんですけど、自殺を予防しようとか、そういうことをする課は県庁にはありませんという非常に冷たい対応でしたね。

――『秋田県の憂鬱』を作るときに調べるまでは、秋田がワースト1ってことはご存知なかったんですか。

ええ、僕は知らなかったです。死体を見て、これは自殺だとか死因はこうだとか死亡は何時頃だとか、いわゆる法医学的内容のほうにエネルギーを注ぐ仕事をやってたもんですから。

――分類するといろんな死因があると思うんですけど、自殺者の死因はどういうのが多いんですか。

首吊《つ》りが多いですよ。手段としてはいまも一番じゃないですか。

――それはもう死体を見たらすぐわかりますか。

だいたいわかりますね。自分でぶら下がったのか、あるいはぶら下げられたのか、その判断が難しい場合もたまにはありますけど。

——その他の死因はどういうのがあったんですか。

比較的多いのは入水《じゅすい》、そしてガスや薬物を含めた中毒ですよね。

——農薬もあるって書かれていましたね。

ありましたですね、以前は。いまはだいぶ少なくなってきたようです。あと焼身自殺っていうのもありましたね。

——それは何か抗議のためですか。

手段として焼身を選ぶという。

——熱いですよね。

熱いと思いますよ（笑）。

——僕の母親はダイナマイトで爆発して死んだんですけど、そういうのはなかったですか（笑）。

そうですね、猟銃による自殺はあるんですけど、火薬は一般の人には手に入らないですからね。それは自爆ですね。

——心中なんですよ。鉱山村だったんでダイナマイトの倉庫があって、管理がずさんだから誰でも持って来れたんです。女性は入水自殺が多いと書いてありましたけど、入水というと田沢湖とか海とかですか。

主に川ですね。流されて発見場所は海になっちゃったりとかはありますけど。田沢湖もありますね。湖、沼、池もありますけど、だいたい川ですね。

――女の人はなんで入水が多いんですか。

どうなんでしょうかね。わかりませんねその心理は。

――男は首吊りですか。

首吊りは男も女も多いですよ。首吊りは確実に死ねるというか、完遂率《かんすいりつ》が高いんです。死ぬという強い意志のある人はだいたい首吊りを選びますよね。いわゆる死んでやるとか、自分に注意を引きつけたいというような人は、助かる可能性のある薬を飲む感じですね。

――擬似自殺っていうか、死ぬ気はほんとはないみたいな。農薬飲んでも二割程度しか死なないということですけど、助かった人は相当苦しいんじゃないですか。

苦しかったと思いますよ。農薬は種類にもよりますしね。肺に障害が来るものとか腎臓《じんぞう》に来るものとかいろいろありますよね。

年間三〇〇から四〇〇〇の自殺調査を十年間

――『秋田県の憂鬱』を作られて、反響がなかったと。そのあと次々と続編を作られていくんですけど、自殺の統計やそれに関するいろんな資料集めを続けていこうという決心をされたってことですか。

そうですね。まとめて数字で出てくるっていうのじゃなくて、個々の例についてどういう背景があるのかということまで調べられればいいなと考えました。当時は個人情報というのがそんなにうるさくなかったので、警察に出掛けて行って、変死人調書の内容を差し支えない範囲でお聞きしたり、遺書があれば内容がどんなものかという情報を提供してもらいました。

――遺書の中で一番多かったのはどんなことですか。

遺書があったとしても、動機はなかなかわかりません。私はこうこうこういうわけで自殺するんですっていうのはほとんどないですね。死ぬことを謝罪してるとか、あるいはいままでの感謝の言葉とか、そういう内容を記述している例が多いですね。あとは、どこそこの銀行に預金してるから、葬式にはそれを遣って欲しいとか、どこそこにいくら借金があるから保険が下りたら頼むとか。

たとえば、家族とうまくいかないとか、あるいは借金がかさんでしようがないから死ぬとか、なぜ自殺したかという具体的な記述は、二十通の遺書があれば一通あるかないかぐらいです。

――それは何人ぐらい調査されたんですか。

数えたことはありませんが、年間三〇〇から四〇〇ですよね。それを十年は続けたと思います。警察は事件との関連性や第三者の関与の有無を判断するため、克明に自殺の理由や家族関係とかいろんなことを聞き出しています。我々は遺族に接触するわけにはいかないので、その書面を個人を特定しないという条件で見せてもらって、統計的なまとめの資料にしました。

遺書は全部で三〇〇通ぐらい読んだと思います。一行だったり、中には何枚も書く人もいますけど。

――それと平行して、自殺者を減らす働きかけというのもやられていたわけですよね。

「秋田県の憂鬱を考える会」に医師、僧侶、マスコミの人なんかにも参加してもらい、マスコミの人には会の様子を書いてもらうこともありました。それから、秋田県だけではなく、合計で十三の県だったと思いますけど、文部科学省の科学研究費ってものがありますが、それを利用して各地の実態を把握して予防対策につなげようという研究が採択になったんです。研究グループの催しとか発表会の様子をマスコミに流してもらったりして、県民への浸透を試みました。

平成七年頃になってくると、マスコミの人も自殺という活字をきちんと使って、予防しないといけないだろうということを論説にも書いてくれました。一部で認識を持つ人が出てきたということですね。

――その平成七年頃の調査は『秋田県はまだ憂鬱』にまとめられていますが、その頃から自殺の原因が変わってきてますよね。

経済的な理由が多くなってきて、四十歳ぐらいからだんだん増えてきてますね。

――この前、秋田県で自殺防止活動をする人たちを追った『希望のシグナル』というドキュ

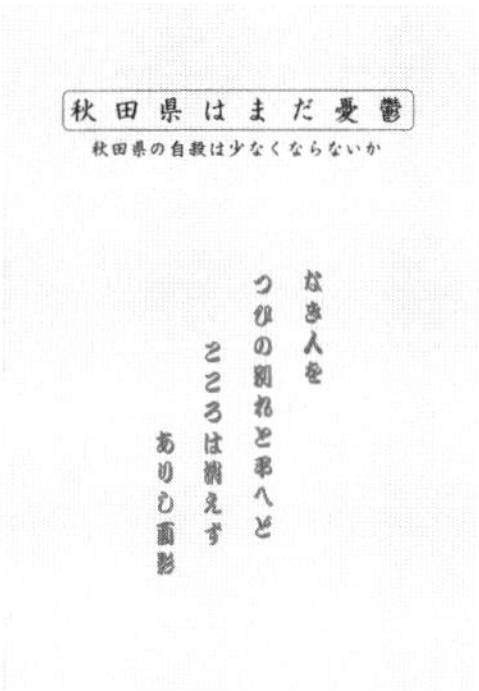

秋田県はまだ憂鬱
秋田県の自殺は少なくならないか
なき人を
こころは消えず
ありし面影

メンタリー映画を観たんです。過疎化が進む地域で一杯一〇〇円のコーヒーサロンを開いた僧侶の袴田《はかまだ》俊英《しゅんえい》さんとか、中小企業の経営者を倒産で死なせてたまるかということでNPO法人を立ち上げた佐藤久男《さとうひさお》さんとか出てくるんですけど、先生のご努力がそういう活動に結びついているとも思うんです。そういう活動が始まったのはいつ頃ですか。

平成十年過ぎてからじゃないでしょうか。袴田さんは最初の『憂鬱』を出したときにすぐ反応してくれて、なんとかしましょうって。

――先生は講演会もかなりされているんですか。

そうですね。秋田医学会の公開シンポジウムを企画したり、あとはLL財団（秋田県長寿社会振興財団）とか老人クラブ連合会とか、そういうところからお呼びが掛かったときには必ず命の大切さを話題にします。年寄りに自殺の話はちょっとそぐわないですけど、それとなく触れるとかですね。

――先生はずっと法医学ですよね。普通のお医者さんに戻りたいとかは？

医師免許ありますけど、生きた人診《み》れないです。

――初めの頃は普通のお医者さんになりたい時期もあったと？

ええ、最初は当然。まさかこういう領域があるなんて医学部行くまで知らなかったですね。で、ちょっとやってみようかなと。やってみたのが間違いだったのか良かったのか（笑）。

――少ないんですよね。

少ないんですよ、やる人がいなくて全国的に困っています。

――この前の津波のとき呼び出されたりしなかったんですか。

しました。検案《けんあん》のお手伝いに行ってきましたけどもね。警察庁からその日から行ってくれないかと言われたんですけど、大学の副学長やっていて、次の日が入学試験の後期日程だったんで、それで動けなくて。四月に入ってすぐ行きました。

――検案というのはどういうふうにするんですか。

まず死体がありますよね、そして警察に連絡が行きます。警察はまず身元をはっきりさせて、そして身元がわかると周辺捜査をすぐ開始するわけです。その一方で死因は何かということも警察としては必要なわけです。警察がやるのは検視と言って、僕ら（医師）がやるのは検案と言ってるんです。死因というのは警察官は決められなくて、必ず医師の立ち合いが必要になります。で、頭の上から頸《くび》、胸、腹、手足などに異常がないか観察していくわけです。

――それは目で観察するんですか。

最初も最後も全部目です。骨折があるかないかは触ったりして確認します。

——解剖したりするのは？

犯罪のにおいがするとか、死因もわからないとか、死者が独居《どっきょ》だったとか、周辺の状況から解剖したほうがいいんじゃないかとなると、検案をやったあとに解剖します。解剖するのは変死人の一割ぐらいで、大学に運んでもらってするということですね。

——先生が解剖されるんですか。

そうでしたですね。しかし、検案そのものも秋田市内の死体すべてを僕が見ていたわけじゃなくて、秋田警察署所属の警察医というのがいるんですよ。で、その人たちは開業医とかして日常は診療をやってるわけですね。それで、警察から連絡があると、ちょっと診療を中断して警察署や死者の家へ行って遺体を見て戻って来るんです。その先生方がいないときとか、忙しいときなんかは、私に連絡が来て行くということでしたね。

ですから、普段警察に依頼されて死体見ているドクターはそれが専門なわけじゃないんです。東京のように監察医務院があって、監察医がちゃんと死体を見るというのとは、地方は違うんです、どこの県も。一般の町医者という言い方は失礼ですけど、診療の合間に死体を見て、そして死因を決めているという、そういうちょっと危なっかしい実態が日本の制度でまだ残ってるんですね。

——結構いい加減な結論出されて、ほんとは違う死因かもしれないってこともあるんですかね。

そうそう。それはありますよ、当然。

似たような県でも自殺率が違う

——この『秋田県の憂鬱』は三部作ですけど、その間何年ですか。

十五年ぐらいですか。二冊目まではわりとペースが早かったですね。というのは、県がなかなか腰を上げないもんですから、間接的なプレッシャーという意味も兼ねて。

——だんだん立派な作りになってますね（笑）。

そうですね。やっぱりワープロが進歩していったということですね。あと私自身、図表の作り方がだんだん上手になってきたからですね。

——三冊目の中に「自殺は遺伝するか」という項目があって、セロトニンのことが出てきたんで、おやっと思ったんですけど。

毎年毎年秋田県だけが変わらずトップなんで、遺伝的な背景もあるんじゃないかということで調べてみたんです。

――セロトニン関連物質は脳で分泌されて、この濃度が低下すると不安とかうつになるってことですね。自殺率の高い県と低い県を比較したら、その差はなかったと。健常人と自殺者でも差がなかったと書かれていましたが、面白いと言ったらナンですけど、お医者さんらしくて面白い分析だったんですけど。

そういう差があればあるでね、自殺の可能性があると判断された人は、これからどうやって生活すんのってことが次の問題になってくるわけです。僕は関連がなくて良かったと思ってますよ。

――長年研究されてきて、何が自殺率に関係していると思われますか。

わからないんですよ。わかればすぐ対策を取りますからね。とにかく、いまは思いついていいと思うことはやってみましょうと。結果はそれについてくるでしょうからね。やる前にああだこうだ考えたりしても始まんないから、まずやってみたらいいんじゃないかということです。

――僕は岡山県の生まれなんですよ。ま、僕のお袋はちょっと特殊な事情があったんで自殺しましたけど、なんとなく岡山の人はあまり自殺しないんじゃないかなって思っていたんですね。それで県別の自殺ワースト順位（２１０ページ）を見たら、わりと低いところにあるんです。

岡山は低いですよね。

――やっぱ、そうなのかなあと思って。なぜそう思ったのかというと、自分がちょっとそういうところもあるからですけど、いい加減なんですね。調子いいんですよ。なんかこう、楽天的というか。岡山県の人全部がそうだとは思いませんが、なんとなくいい加減なところがあって、あまり深刻にならない、それが原因じゃないかと思ったりしました。

岡山や広島の人ってこだわらないんじゃないですか、いろんな細かいことに。いつまでも気にしてないとかね。

――そうですね。ベースとしてはそういう県民性や風土なんかもあるんでしょうね。

何かあるにはあるんでしょうけどね。秋田と山形を比べてみても、県としてだいたい似てるんですよね、気候なんかもね。あと人口もだいたい同じくらいです。けど、山形のほうが秋田より自殺者が八〇人ぐらい少ないんですよ。あと、富山と石川を比べてみても、富山は自殺率高いけど、石川は低いとかね。隣の県で似たようなところでも違うんです。

――それが続くということは、偶然じゃないですよね。何か原因があるんでしょうね。

なんでしょうかね。で、二冊目を作っても県の動きがないんで、副知事のとこに直《じき》訴《そ》に行ったんですよ。それが平成十年か十一年だったかな。当時の副知事は女の人で、中央官庁（文部省）から来ている人で、「わかりました」と、「県としてもなんとかしますから」と。で、やっと十二年度から自殺対策が予算化されたんです。

――ああ、二〇〇〇万円の予算ですね。

最初は微々たるもんですけどね。

――微々たるもの過ぎるんじゃないですか。

それから少しずつ増えていったんですね。全国的にも自殺が大きな問題になってきたものですから、県も自殺予防の先進県だと他の県から言われるもんで、仕方なくやったようなところもあるかもしれませんね。そして、十二年度だけは多少私が遣う予算も来たんですけど、それ以後はもうないですね。

――来ないですか。

来ない。多分僕はあんまりうるさく言うもんだからね。

――一番来ていいのに。

県というのは法医学よりも公衆衛生部門と一緒に、昔からいろんな病気予防などの仕事やってるもんですから、そっちに予算が行っちゃったんですね。それが悪いっていうわけじゃないですけど。

――いまは十倍ぐらいには増えてるんですか。

それぐらいあるんじゃないでしょうかね。

――過去二十年ぐらいで、社会的な影響というのは？　リーマン・ショックとか影響ありましたか。

いや、秋田県はその影響はあまりなかったようですね。むしろ日本全体の不景気、平成のバブル崩壊ですね。その前から経済的な理由での自殺は数が増えてきていて、前兆はあったんですけどね。

――あとは、社会的な要因としてどういうものがありましたか。農業問題とかは関係ないですか。

あんまり職業は関係ないですね。以前多かったのは借金ですね。

――あ、サラ金。サラ金は田舎まで来るんですか。

結構来ますね。

――移動で？

移動では来ないですけど、ありますもんね、簡単に借りられる仕組みがね。

――ああ、自動で借りられるＡＴＭみたいな。どういう理由で借金してるんですか。

おそらく賭け事や無理な生活レベルの維持じゃないのかな。パチンコとか、あと競《きょう》艇《てい》があるんですよ、場外施設が。

――あ、舟券《ふなけん》売り場が。

そうそう。そこ結構人気あるみたいですね。女性の場合は着飾りたいとか高級品を手に入れたいとか。秋田県人自身が言うには、なんか見栄っ張りなんだそうです。

――あ、見栄っ張りなんですか、県民性が。

パーマ屋の数が全国一だとかね。

――いまも借金が原因っていうのが多いんですかね。少し前からサラ金の規制が始まったんですけど。

最近は警察の調書見てないけども、自分の経営している会社が倒産したというのはもちろんありますけど、勤めている会社が倒産したとかリストラされたとかですね、そういったことが以前はありましたね。それもみんな経済的要因ということでひとくくりになってますけど。

――家庭不和、そういうものは？

ないわけではないですけども、表面には出にくいんですね。警察が家族に聞いても「はい、仲が悪かったです」なんて言うわけないですから。たとえば腰が痛いって悩んでいたとか、そっちのほうにすり替えられちゃったりすると動機は病苦になってしまうわけですよ。

——なるほど。恋愛問題なんかもあるんでしょうね。

あると思いますよ。

——不倫問題とか。

ま、あるかもしれないですね。

——独居者の自殺率と同居者の自殺率はどのくらい違うんですか。

同居者の自殺率のほうが高いんですね。独居者は、独居して一年目と五年目以降がちょっと高い。最初の年っていうのは危ないかもしれないですね。そして五年ぐらい経つと独居にそろそろ疲れてくるのかな。なんて勝手に思ったりしています。

——個人的なことで言うと、たとえ一人になったとしても楽しいなって思うんですけどね。一人で本読んだり映画観たり。そういうことの奨励《しょうれい》というのは難しいですか。

それをやれる人はいいですよ。秋田は大都会と違って、フラっと出て遊びに行くところもないですしね。

——山がありますよね。

それは都会に住んでるから山がいいと思うだけでね、こっちの人は毎日山があるわけだから。

——僕は子供の頃山で育ったんですけど、山に登って空見たりしているのがすごく楽しかったんですよ。

若いときからそういう啓蒙やってないとね、六十になった人、七十になった人つかまえて、そこから啓蒙していっても全然効果なんかないわけですね。

——はぁはぁ。そういう孤独な人がいたら、どういうふうに自殺予防していくんですか。

いま地域によっては保健師さんたちが廻って、ひんぱんに訪れて様子を見るとかですね、医者につなぐとかやってるとこもありますけど。

——秋田県の憂鬱シリーズは三号で終わりですか。

だいたいもう終わりでいいんじゃないかと思ってますね。三冊目は平成十八年に出したんですが、秋田県が一生懸命お金つぎ込んでやってるけども全然効果が見えてこないんでね、もっとしっかりやらなくちゃダメじゃないかということが言いたくて、皮肉を込めて出したんです。

——そのタイトルが『秋田県はいまも憂鬱』。全然改善されてないってことですよね。

解剖した遺体は二六〇〇〇体

——家族の方は先生のお仕事に対してどういう反応を？

いや、法医学をやってますと、何やってるかほとんど話さないですから、特段の反応はありませんでしたね。今日何やったとか、どういう解剖があったとかはいっさい話さないですから。

——最初に法医学のほうに進まれたのは、声を掛けられたということですか、それともご自身で。

それは私自身の個人的な選択ですね。解剖やったりとか、そういうことをやりたく

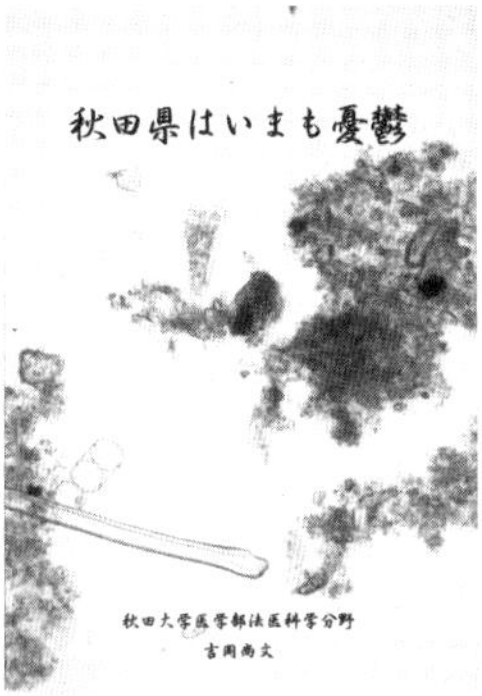

秋田県の憂鬱

て行ったんじゃなくて、当時は血液型とかそっちが法医学の領域だったんですね。それで、医者になるんなら血液と病気との関係とか、血液のことをやってるのが将来ためになるんじゃないかと考えて、四年間大学院生として法医学をやってたんですよ。

——で、四年後に違う方向に行くんですよね。

そうです。内科に行ったんですけどね。

——内科に行ってる間に、やっぱり死体のほうがいいと？

いや、そうじゃなくて、僕は大学は岩手医大なんですけど、当時岩手の法医学でお世話になった先生が秋田大学に来てたんですよ、助教授で。で、その先生が教授になって岐阜に移って行くことになって、秋田に席があるんで法医学にカムバックしませんか、五年だけでいいからと。それで昭和五十一年に秋田大学に移って来たんですよ。内科三年目のときでしょうかね。三十代の前半までは、いつ法医学から抜け出そうかと、不謹慎ですけどそればっかり考えていましたね。

——それはやっぱり、普通のお医者さんに戻りたいということで？

そうです。

——でも、どこか好きだったんですよね。

好きだったというか、だんだん責任が出てきたもんですからね。おいそれと移るわけにはいかなくなってきたし、だんだん臨床《りんしょう》から遠ざかっていると、あとをついていけないいんじゃないかという不安なんかも出てきたりしてね。

――あ、それはありますよね。薬なんかもどんどん進歩するし。

そうそう。新しい医療機器が出たりとかね。

――先生が関わったのは何体ぐらいですか。

私が法医学を辞めるまでに解剖したご遺体は、二六〇〇体ぐらいでしょうかね。

――すごい数ですよね。ちょっと違う質問なんですけど、死んだらどうなるって思いますか？　魂は残るとか。

哲学的というかね、そういうことは考えたことないですね。

――なんとなく魂があるんじゃないかっていうような感じはあるんですか。それもないですか。

そのへんがね、微妙なとこなんですね。

――あるようなないような？

そうですね。

――僕もそうなんですけど。

検案していて、将来自分が死んだらこの人に会えるんじゃないかとかね、そんなこと考えることがありましたけどね。

――みんなそうですよね。日本はお盆なんかにお墓参りしたりしてますけど、まったくそんなものはないってことになるとやんないですからね。いままで自殺の現場というか、死体との対面をたくさんされていて、印象に残ってることはありますか。

印象に残ってるのは、これは不謹慎ですけどもね、やっぱり細工をして、凝《こ》った道具を使ったりとかですね、そういうのは法医学的に非常に関心があるんで。ここまでトリック的なことをやってるとか。

――自分が死ぬためにいろんな道具使ったりするんですか。どんな道具を作るんですか。

一番単純なのは、時計がある時刻に来ると電気が通じるようにしておいて、それで自分の体に電気を通すとかですね。

――ほお。でもその人、その時刻が来るまで恐いですよね。

睡眠薬か酒飲むかしてるんじゃないかなと思いますけどね。

――ああ、なるほど。普通じゃない状態にして。

あと、物理の法則のような、うまく重さを使ったりとか。ある一定の時間になると、刃物が上からドサッと落ちて来るとか。

――ははあ。ギロチンみたいな。そういうのは検案しててわかるんですか。それとも現場で。

　死体だけ見る場合もありますし、現場をそのままにしておくように言って現場に行って、状況から装置から全部見る場合もあります。手が込んでると他殺の可能性もあるんです。

――そうですよね。ある時刻になったら火がつく焼身自殺とか、そういうのはなかったですか。

　それはなかったですね。ただ、ビデオカメラを三脚にセットしておいて、いまから焼身自殺しますとカメラの前で挨拶して、油をかぶって火をつけて倒れるまで映ってるのがありました。

――それは何か訴えたいものがあったんでしょうか。

　あったんでしょうかね。

日照時間では説明がつかない

――自殺を少なくして行くためには、やっぱり、なんでしょうね、一番大きいのは経済ですかね。

でもね、日本人の貧困の程度とインドやバングラデシュとでは全然違うんですよね。ですからメンタルな面が強くなれば、経済的なということでくくられる自殺は減らせるんじゃないかと思ってるんですけどね。もちろん、食うに困るってこともあるとは思うんですけど。

――東京なんかで暮らすとどうしてもお金が必要なんですよね。でも、このへんだと食うに困るってことはないんじゃないですか。僕は子供の頃山で育ったんで、山に行けば何か食い物があるわけですよ。稲だって、よその田んぼから少し刈り取ってくれば食べられるし、盗むのは悪いですけど、食べるということだけなら、海とか山とかだったらなんとかなるって思うんですけど。そういうことじゃないですよね。飢え死にするってことじゃなくて、違う意味ですよね。

そうそう。

――その中に、秋田県人のいわゆる見栄っていうのも含まれているんでしょうかね。

そうかもしれません。人の世話にはなりたくないとかね。

――病気で人の世話になりたくないとか。

それはあると思いますよ。たとえば家族に経済的な負担を掛けるとか、一人で通院できないんで家族に連れて行ってもらわないといけないとか、あとは主導権が自分から別の人に移ってしまうという精神的な苦痛とかですね。

――必要以上に深刻になったりすることもあるんでしょうかね。

最近はガンなんて言われたって、なんとか頑張ってみれば延命できるわけだしね。あるいはうまくいけばちゃんと社会復帰できることもあるわけで。ですから、病気そのものではなくて、それに伴って発生するいろんなことだと思うんですね。家庭内のことであったりとか、あるいは医療関係者との間のコミュニケーション不足とかね。

――今後はどういうご予定なんですか。盛岡のほうに行かれるってことなんですけど。

盛岡に行って、医療機関に勤める予定ですね。診療はやらない。高齢者の福祉関係の施設です。

――検案のほうはもうやらないんですか。

依頼があればまたやるかもしれないですけど。

――岩手県も自殺率高いんですよね。

高いですよ。秋田、岩手、青森の北東北三県は常に高いですよ。たまにそこに新潟県が入ってくる状況です。

――宮崎も結構……。

宮崎も高いですね。

自殺死亡率 都道府県別順位（2011年）

自殺死亡率とは、人口10万人あたりの自殺者数のこと。内閣府・自殺対策「人口動態統計に基づく自殺者数」より作成。

秋田県の自殺死亡率の高さは2012年も変わらず、1995年から18年間全国1位。

	自殺死亡率（%）	自殺者数（人）
全国	22.9	28.874
秋田県	32.3	346
岩手県	28.3	370
宮崎県	27.7	312
新潟県	27.6	649
沖縄県	27.1	378
島根県	26.3	186
青森県	26.2	356
高知県	26.0	196
鳥取県	25.4	148
福島県	25.3	502
富山県	25.2	271
山梨県	25.1	212
栃木県	24.3	479
香川県	24.3	239
福岡県	24.3	1,224
鹿児島県	24.3	411
群馬県	24.2	476
北海道	24.0	1,311
山口県	24.0	344
和歌山県	23.8	236
茨城県	23.4	682
長野県	23.3	492
熊本県	22.9	414
山形県	22.8	264
兵庫県	22.8	1,256
長崎県	22.7	320
東京都	22.6	2,910
石川県	22.6	261
岐阜県	22.6	460
静岡県	22.5	831
大阪府	22.4	1,947
千葉県	22.3	1,367
埼玉県	22.2	1,583
滋賀県	22.2	309
愛媛県	21.5	305
大分県	21.2	251
神奈川県	21.0	1,872
宮城県	20.7	480
愛知県	20.4	1,481
佐賀県	20.4	172
岡山県	20.2	388
京都府	20.1	520
三重県	19.8	359
広島県	19.6	553
徳島県	18.8	146
福井県	18.4	146
奈良県	17.4	242
外国	---	9
不詳	---	208

――宮崎って暖かいのになぜだろうと思いますけど。

そうなんですよ。宮崎とか高知とかね。宮崎は日照率が非常に高いんですよ。秋田や新潟の自殺率が高いのは、日本海側は日照時間が短いからだとか言う人がいるわけですよ。じゃあ宮崎県がなんで高いんだということで、日照時間では説明がつきません。

――なんでだろう。平和過ぎるのかなぁ。

以前、宮崎医大の先生は、宮崎は昔から薩摩藩《さつまはん》に虐《しいた》げられていたからだと冗談で言ってましたけどね。それがいまだに尾を引いているとか。

――そういえば鹿児島は宮崎より低いですね。

あと、若者の多い県っていうのは統計取ると低いですね。埼玉とか千葉とか神奈川なんかは低いですね。

――秋田県の人は自殺率のことがだんだんわかってきたんですか。

いま、自殺に対する県民の意識レベルはずいぶん向上しましたね。

――自殺者の数は減ってるんですか。

最近の数は減ってます。減ってますけど、それは予防活動で減っているのか、あるいはたまたま減っているのか、そこはまだはっきりとはわからないですね。減ってることは事実です。それは岩手県も青森県も減ってますから。

——人口そのものも減ってますよね。

絶対数が減ってるということです。それにともなって率も低下してますが、相変わらず秋田は日本一ですよ。ですから、他の県もみんな同じに減ってるということだと思うんですね。

——みなさん不思議に思ってるんでしょうか、なんで秋田県の自殺率が高いのか。

まあそういうことが浸透するだけでも抑制効果になるだろうと考えてはいるんですけどね。

自殺予防っていうのは、僕とか大学関係者が変な理屈を振りかざして、ああしたらいいこうしたらいいと言うよりも、社会の人たちが自発的にどうしたらいいかみんなで考えてみるとか、そっちのほうが効果があるような気がしますけどね。県はすぐ大学に頼っちゃってね。すると何をやるかというと、中央から人呼んで来て講演会開くとか、シンポジウムを開くとか、そんなのは全然予防対策にはなってないわけで、ただ予算を遣うだけです。であれば、そのお金をボランティア団体に渡して、頑張ってやってくださいっていうほうがよっぽど効果があると思うんです。

それと、前にお年寄りにアンケート取ったんですけど、そのアンケートを書くだけで気分が楽になったっていう記述があるんですよ。

——ああ、なるほど。毎月アンケート取るっていうのもいいかもしれませんね。

いつも悶々としていたけど、その悩みを吐き出したとかね。だから、県の北のほうの僧侶がやっている、自由に出入りしてコーヒー飲むとか、そういう場所の提供っていうのはいいことだと思いますね。以前、冗談半分に、はやらない町医者なんかは待合室を開放して、お年寄りなんかが来て時間つぶしてくれればいいなと。朝から夕方までいる人がいたりとかね。

——ご出身はどちらなんですか。

新潟です。新潟から岩手の大学でいま秋田ですね。自殺率の高い県を渡り歩いているという因縁があります。

——ご趣味はどういう。

私は詩吟《しぎん》をやってるんですよ。

——ああ、いいですね。声を出すというのは。ご高齢の方々がみんな詩吟をやれば自殺は減ると思いますね。

いいと思いますね。今度行った勤務先で可能なら詩吟教室を開こうと思ってるんですね。声を出すってことはいいことですからね、大声出すっていうのは。

インタビューが終わって、鈴木さんと秋田の駅周辺を少し歩きました。東京と比べれば極端に人が少なく、デパートのバーゲンセールをマイクで宣伝している人がいましたが、聞いてる人がほとんどいなくてやりがいがないんじゃないかと思いました。

どこの地方都市に行っても、駅前は閑散《かんさん》としています。秋田だけでなく、地方はどこも憂うつの種を抱えているんじゃないでしょうか。

しばらくして、偶然秋田で保険関係の仕事をしていたという人と話をしました。その人が言うには、ネットで調べるとNHKの受信料の支払いは全国平均七二%で、東京は六〇%、秋田はなんと九四%、経済的に恵まれていない秋田がトップだったそうです。これが秋田県の県民性を表していて、見栄っ張りで、見栄を命に関わるギリギリのところまで引っ張っているのではないかと。

受信料のことは、別の見方をすれば正直とも言えますが、吉岡先生のお話にも「見栄っ張り」という言葉が出てきたので、そういうところもあるのかと思ったりしました。

樹海探索

青木ヶ原樹海《あおきがはらじゅかい》といえば自殺の名所です。しかも、入ると方向感覚がなくなって出て来られなくなるとか、磁石が狂うとか、日本で唯一のミステリーゾーン、恐いところ、みたいなイメージを持っていました。そのため、担当編集者の鈴木久仁子さんに「樹海に行ってみますか?」と言われたとき、ちょっとひるんだのは事実です。しかし、自殺の原稿を書いている以上樹海は見ておかないと、という使命感というか、興味本位というか、なんとなく行ってみたい気持ちにもなってきました。

鈴木さんは大学生のとき樹海に行ったことがあって、そのとき案内してもらったのが、作家の早野梓《はやのあずさ》さんだったそうです。早野さんは以前樹海を歩く仕事をされていて、自殺死体を一〇〇体以上見つけている方です。そのことを聞いたとき、早野さんにいろいろ話を聞きたくなりました。

早野さんは最近は樹海から離れているそうですが、インタビューに応じていただけることになり、しかも樹海の案内までしていただけるというので、まだ寒さが残っている四月の末、鈴木さんと樹海に行くことになりました。果たしてどんなところなのか……。

当日、お昼に高尾《たかお》駅で鈴木さんと待ち合わせし、迎えに来てくれた早野さんの車に乗せてもらって、樹海に向かいました。空には厚い雲が掛かっていて、いまにも雨が降り出しそうです。早野さんは、二日あれば自殺死体を見つけられると言うのですが、半日ですから確率は四分の一です。「もしかして見つかるかもしれない」と思ったりしましたが、「見つからないで欲しい」とも思いました。

車の中で早野さんをインタビューしながら、一時間半ほど掛かって樹海の入口、鳴沢氷穴《なるさわひょうけつ》に着きました。ここで車を停め、これまで自殺者が多く見つかっている二つのルートを案内してもらうことになりました。

樹海は草木がうっ蒼《そう》と茂っているイメージがありましたが、思ったほど木々が密生してなくて、意外と歩きやすそうでした。しかしどこも同じような木ばかりが並んでいて、周りを見渡すと全部同じ風景に見えてしまいます。山のように、登って行くと視界が開けるということもないので、林道から外れると迷ってしまうというのは本当だと思いました。

溶岩の上に堆積《たいせき》した腐葉土《ふようど》は薄く、木の根は地中に伸びることができないため、蛇のように四方に伸びて苔《こけ》に覆《おお》われています。それが老人の手の甲に浮き出た血管のようにも見えます。

いたるところでビニール紐が木に結ばれ、それが林の奥に延びています。この紐は、林の奥に入って行くと方向感覚を失ってしまうので、戻って来るための道しるべです。わざわざここに来てキャンプをする人はいないので、自殺するために来た人たちが結んだものです。決心が固い人はこの紐は必要ないので、

死のうかどうしようか迷っている人たちです。

そのビニール紐の先にはたいてい何かある、と早野さんは言います。ビニール紐があるたびにそれを伝《つた》って中に入ってみるのですが、このときはさすがに緊張し、何もないとホッとします。

一本の紐を伝って行くとポリエステル製のリュックがあり、そばに薬のシートが落ちていました。それは睡眠導入剤で二錠減っていました。早野さんは三年ほど前のものだと言います。肉体は数ヵ月で朽《く》ちてしまいますが、ビニール紐やリュックや薬のシートなど、化学製品はいつまでも残るんだなあと思ったりしました。

雨が降ってきました。ルートを変え、もう一つの自殺銀座、鳴沢氷穴と富岳風穴《ふがくふうけつ》を結ぶ自然遊歩道を歩くことにしました。この道は観光客もよく通るので、自殺する人はこの道から林の奥に入って行きます。ここにもビニール紐があちこちに張り巡らされていました。赤と白の紐が絡み合っているところがあり、それを伝って行くと何か見えました。早野さんは双眼鏡で見ています。

それは束になったロープと、折りたたみ式の椅子と傘とカイロでした。ロープを使って首吊《つ》りしようとしてここに来た人が置いたものです。早野さんは一ヵ月ほど前のものだと言います。ロープは使われていなかったので、おそらく戻って来た人でしょう。その人がどんな人か想像できませんが、戻って来て良かったと思いました。

雨がみぞれに変わりました。寒くなってきたので、三時間ほどで樹海探索を終えることにしました。自殺者の死体は見つからなかったけど、気配は充分感じることができました。蜘蛛の巣のようにビニール紐が絡まっているところは、自殺しようとして来た人が、迷いで混乱しているように見えました。この瞬間にも、日本中いたるところに迷っている人がたくさんいるんだろうと思ったりしました。

樹海を出ると雪が降ってきました。

空洞の目が寂しそうだった

——早野さんは、ご出身はどちらなんですか。

末井さんの文章を読んでね、お母さんがダイナマイトで自殺したとあって驚いたんですけど、私の生まれは栃木県の足尾銅山で、和歌山県に小学校六年のときに移って、そこでダイナマイト心中した人を見たんですよ。無理心中で、女の人がナイフで刺されたまま走って来て、しばらくして爆発音がして、行ってみたら家中肉が吹っ飛んでいましたね。

――それは男のほうがダイナマイトを巻きつけて、女の人に抱きつくみたいな感じですかね。

おそらくそうですね。私が子供の頃、ダイナマイトの箱を一キロぐらい運んで一〇円とか、アルバイトでありましたよ。当時の一〇円って大きかった気がするんですよね。

――いまの二〇〇円ぐらいじゃないですか。

私は足尾銅山に小学校五年までいましたけど、一番最初に自殺を見たのはその頃でしたね。汽車に飛び込んだ人がいて、なんだろうと思って行ったら人が死んでたっていう。

――樹海に入るようになったのはいつ頃なんですか。

だいぶ昔ですね、三十年以上前になると思います。

――それは環境保護の仕事で。

そうですね、それと火山の噴火の危険性みたいなものを調べたり。

――それはどこに所属してるんですか。

もともと企業の中に危機管理部っていう部署があって、そこにいたんです。地震でもなんでもやってたんで、しょっちゅう出掛けてたんです。

――なんのためにその会社は危機管理をやってるんですか。社会貢献みたいな感じですか。

じゃなくて、富士山のそばにあるとだいたいどこもやってるんですよ。

――ああ、富士山のそばに会社があるから、自分の会社を守るための危機管理。

あるいは家族とかね。

――ということは、富士山は危ないということですか。

そうですよね。二〇〇〇年前後はかなりマグマが動いて、直下十五キロにあるんですけど、それが動いて低周波地震っていう珍しい地震を起こしていて、これは吹くんじゃないかっていうんで。

――いまは日本全体がグラグラしているから、富士山も影響ありますよね。

影響あると思いますよ。この前の東日本大震災で地殻《ちかく》がかなり東に引っ張られたんですね。それで、密度が薄くなったんで、地震のときにはマグマが動くんじゃないかと言われてますよね。南海トラフの地震が起きるとどうのこうのと騒がれているけど、あれが起きると危ないですね。

――あれ恐いですよね。浜岡原発もありますから。危機管理部の調査で樹海に行くときは、お一人で行動されるんですか。

そう、一人ですね。

――樹海に入ってどういう調査をするんですか。

昔は青木ヶ原の溶岩流がどこから流れてたのかわからなかったんですね。それが、飛行機使ったり地質学で直接調べたりして少しずつわかってきたんです。私も樹海を歩いて溶岩を調べていました。それと、民家の水道や井戸の温度が上がっていないかとか、植物とか生態系に変化がないかとか、そんなこともやってました。

——ユーチューブで、テレビで放映した青木ヶ原樹海のドキュメンタリー映像を見たんですけど、堆積している溶岩の鉄分の影響で、磁石が狂うらしいですね。溶岩が磁気を帯びてるのかしらないけど、磁石を頼りに歩いているととんでもないところに行っちゃうらしいですね。

それはないですね。

——ヤラセですか。

ヤラセですね。青木ヶ原樹海じゃなくても、もともと火山岩というのはある程度磁気を帯びてるんです。そこに磁石を置いたら多少針がブレるかなっていう程度で、一メートル離すと影響しませんね。私は磁石を頼りに歩いてますから。物語的にはそういうのがあるとか言わないと面白くないから言ってますけど。

——ナビが効かないっていう話を聞きましたけど。

ナビそのものは効きますよ。私は地図を作ってるんですよ。ナビで計測して、あそこに何があるここに何があるっていうのを全部書き込んでるんですけど。

――一人で歩いて恐くないですか。

どうなんですかね。

――ネットでアップされている、海外で制作された早野さんが出られている映像を見たんですけど（「AOKIGAHARA SUICIDE FOREST」VICE NEWS）、死んだ人は襲ってこないから恐くないっておっしゃってましたけど、確かに生きてる人のほうが恐いですよね。

私は歌舞伎町《かぶきちょう》のほうが恐いです（笑）。

――ああ、あそこは僕も行かないですよ。樹海で初めて自殺の遺体を発見したのはいつなんですか。

一番最初はいつなんだろうな、ずっと昔なんで。消防隊が年に一回自殺死体を探す行事があったんです。そのときに新聞記者のふりをして潜り込んで、一番まじまじと見たのはそれが最初ですかね。歯医者さんと検死をするお医者さんが来て、おまわりさんが骨を並べて何か説明してたのを覚えています。医者が頭蓋骨《ずがいこつ》を持ち上げて、これくらいだと何歳ぐらいなんだと、一生懸命説明してるんですね。そのとき、白骨の空洞《くうどう》の目とこっちの目が合って、表情はないはずなのにすごく寂しそうに見えた。それはよく覚えてますね。

――それは男性ですか女性ですか。

男性でしたね。

――年に一回の捜索って？

いまはやってないですけど。

――いまやらないんですか。じゃあ放ったらかしですか。

そうですね。

――その捜索ではたくさん見つかってたんですか。

三〇体か四〇体とか言ってましたね。それとは別に、年間一〇〇体近く見つかってるんですけど。

樹海で迷う人々

――さっき話した早野さんが出ているネットの映像ですけど、あの中でテントにいる男の人がいましたよね。早野さんがその人に話し掛けていて、あれが良かったって言うと変ですけど、相手の気持ちを荒立てないような、気持ちを収めるような話し方で接してましたが、あのとき顔は見えてたんですか（林の奥にテントを発見して、その中の人に早野さんが「大丈夫ですか？」「何日間いるんですか？」「食べ物なんかあるんですか？」と話し掛けていく)。

全部見えてました。痩《や》せ細っちゃってて、入ってから何日間か経ってたんじゃないですかね。テントを開けて顔出しましたね。たぶん、大雪があったときに来たと思うんですけど、長靴履《は》いてました。

——近づくとき、まず双眼鏡で見るんですか。

遠くの場合はそうですね。テントの場合はとりあえず一周して、不審なものがないかどうか調べて。

——テントの周りを歩くと、テントの中の人もドキッとしてますよね。人間か熊か、殺されるんじゃないかって。自分が死のうとしているのに。

死に切れないんじゃないですかね。私は権限がないから引っ張って行けないので、そういうときは警察に知らせるんです。その人は気弱そうな感じでした。

——早野さんが声掛けたら、だんだん声が元気になるんですよね。早野さんが話し掛けて助かったのかもしれないですね。

助かったと思いますよ。

——そういうちょっとしたことというか、誰かとちょっと一言でも話して、その人が思い留まるということがあるんですよね。

ありますね。発見した遺体の四倍も五倍も、樹海の外に出したほうが多いですね。向こうが話してくれれば、たいてい帰って行きます。

――話す相手が誰もいなかったということでしょうね。

自分が一人ぼっちだと思い込んじゃってるから。

――そういうふうに助けた人は何人ぐらいいるんですか。

二、三〇〇人になりますかね。歩いていると声掛けるんですよ。見ると怪しいかどうかすぐわかりますから。

――どういうところで？　旅の支度《したく》はしてないっていう感じですよね。

「どこ行きますか？」って言って、答えられる人は絶対大丈夫なんですけどね。樹海の中のあそこに行くとか、何を調べに行くとか、何しに行くとか言う人は大丈夫ですけど、「どこ行きますか？」「樹海です」って言うのは絶対ダメですね（笑）。

――そういう人と長く話したこともあるんですか。

一時間以上話した人は何人もいますよ。寒いときだったら、「こんな寒いときに死ぬことないんじゃないの」とか「南の島のほうがいいよ」とか、「おじさんは自殺勧めるんですか」って言うから「だって、死にに来たんだろう」って。話し出すと相手もどんどん乗ってきますから。

——笑ったりするとオッケーですよね。

そうそう。だいたいうつ病の人ですよ。うつ病になって薬飲んでる人。話し掛けられて気がまぎれればそのときは帰りますね。

——女の人もいるんですか。

いっぱいいますよ。

——これもユーチューブの映像ですけど、子供が自殺して、親がお地蔵さんの石像を立ててるんですね。靴が転がってるんですけど子供の靴なんですよ。これもヤラセなんですかね。

ヤラセだと思いますね。子供が一人で入って行くことはないですね。ただ親と一緒っていうのはありますよ。子供を連れて来て、樹海の奥のほうに入って、クリスマスのイルミネーションつけて、そんなあとがあったのも見ました。

——死ぬかどうか決めてない人、迷ってる人も多いんですよね。

ほとんどは迷ってるというか、九〇%ぐらい生きたいっていう気持ちが強いんですよ。生きたいんだけど生きようがないと思って樹海に来て、それで疲れちゃう人は死んじゃうんじゃないかなあ。だから人と話なんかすると、意識的に自分でも生きる側に来ちゃうんじゃないかと思うんですけどね。

——死ぬんだったらどこでも死ねますよね。わざわざ樹海に来るっていうのは何か意味があるんだと思うんですけど、それはなんですかね。結構遠くから来るらしいし。

地元の人は来ないんで、東京、福岡、北海道の人もいますね。

——何か惹《ひ》かれるものが。やっぱり自然なんですか。

ある大学の教授が、日本人は何かしようとするとき、象徴的な富士山を目指すと言っていましたね。富士山を目指して、噂に聞いた自殺の名所に行ってみようということで、樹海に来るんじゃないかと言ってましたけど。実際にはテレビドラマにもなった松本清張《せいちょう》の『波の塔』（光文社、一九六〇年）で、青木ヶ原樹海に女性が入って行くシーンがあるんですよ。あれがきっかけでブームになったんですね。それから、第二次ブームになったのが『完全自殺マニュアル』（太田出版、一九九三年）。

——ああ、鶴見済《つるみわたる》さんの。早野さんが出られた映像にもありましたね、『完全自殺マニュアル』の樹海のページを破いたものが落ちているところが。あの本はずいぶん売れたんですけど、問題にもなりましたね。

樹海でみんな死んでるから、そこで死ねば寂しくないとか、探されないとか、奥のほうに入っちゃえばなかなか見つからないみたいな、そういうのもあるんですか。

脳科学者の人と一緒に行ったとき、人間の本能というのは、食欲、性欲、もうひとつは集団欲があると言ってましたね。ひとりで生きていけない、集団欲ってのがあるんで、なんか群れようとするっていうか。死にたくなっちゃうと、樹海のことを聞いているのでそういうとこに行ってみようとか。意外と樹海に入っていく人は、ものすごく奥には行かないんですよ。

――ああそうか、一人になりたくない。

ええ。自動車の音が聞こえるとか、何かつながっていたいと思うんですかね。脳科学者はそう言ってましたけども。自殺の名所っていうのがあって、福井県の東尋坊《とうじんぼう》もそうだし、和歌山県に三段壁《さんだんべき》っていう岸壁があるんですけど、青木ヶ原樹海を入れて日本三大自殺名所なんだそうですよ。

――それも集団欲なんですかね。

我々は知る範囲のある種の情報によって洗脳されて生きているんじゃないかと思うんですよ。なんで青木ヶ原樹海で自殺する人が多いかというと、樹海で自殺する人が多いっていうことが洗脳的に頭に入っていて、たとえば東京の人は東尋坊とか三段壁より樹海のほうが近いっていう、そのぐらいの発想じゃないかと思いますね。

――決められた場所に行くっていうのは、律儀な感じもしますね。

日本人って律儀だなって思うのは、樹海に来て自殺するのは休みの日が多いんです。

――会社休んでまで樹海に来るのは悪いとか思うんですかね。

あと、青木ヶ原まで来て、車の中で自殺する人もいるんですね。

――面倒くさくなっちゃったんじゃないですか。山梨の人は樹海に行かないっていうのはどうしてなんでしょう。

それははっきりしているというか、山梨の人は、小さい頃から樹海は恐いところだと思い込まされているからですね。

――他県の人は良さげなところだと(笑)。なんか青木ヶ原っていう響きが、不気味な感じがあるんです。それもすり込まれてるんでしょうけど。早野さん以外に捜索に努力してる人とかいるんですか。

仕事としてパトロールしている人がいますからね。最近多いんじゃないですか。特に富士が世界文化遺産になると言われだした頃から多くなりましたね。

死体に驚いて帰って来る人

――どうして樹海に来たかを話す人もいるんですか。たとえば自然の緑に帰っていくというようなこととか。

それはすごく特殊な人ですね。社会に適応できなくて、社会のゴミゴミしたところが嫌で、青木ヶ原樹海に来てみたら緑ばかりで心が癒《い》やされて、こういうところで死にたいと言う人はたまにいますね。

――早野さんが本に書かれてましたけど、死体にビックリして逃げ帰って来る人もいるんですよね。

ああ、いますよ。ヤクザが死体を捨てに来て、捨てたところに人がぶら下がってて、ビックリしちゃって警察に飛び込んだっていう話があるんです。

――自分が関与していない死体には驚くんですね（笑）。

一人助けた人で、その人は買い物依存症でね、ギターなんか全然弾けないんだけど、高級なギターをボンボン買って、もう借金払えないって自殺しに来たんだけども、明け方に私が見つけて、帰ったほうがいいって言って。そしたら、その人はね、絶対樹海では自殺したくない、あそこは地獄だ、一晩に何体見つけたかわからないって。

――えー、そんなに。

私も、夜入ったら死体があって、こんな夜に警察来るのは大変だな、連絡だけしとこうと思って、立ち上がったらガーンとうしろの木かなんかに当たって、振り返って見たら首吊ってる人で。

――わー、ダブルですね。

それと、最初の頃の忘れられない経験は、夜になって暗くなって、こりゃ危なくて帰れないなと思って、寝られるような溶岩の温かそうなところがあったんで、そこで寝て帰ろうと思ったら人がいたんですよ。その人に「すみません、私もここに寝かせてください」って。そのときなんか返事したような気がするんだけども、朝起きたら死んでましたね。

――わー、恐ーい。

最初から死んでたのか、そのときはまだ生きてたかわかんないんですよ。声掛けたら「いいですよ」って返事したような気がしたから、隣で寝たんです。

――それは薬ですか。

薬ですね。

――ちょっと朦朧《もうろう》としながら、誰かに声掛けられたから返事したのかもしれないですね。覆《おお》いかぶされていたらちょっと嫌ですね。男ですか。

男性です。

――熊なんかも夜出て来たりするんですよね。熊に出会ったことはありますか。

ありますす。樹海に慣れている人は、熊鈴《くますず》っていう鈴があるんですけど、それを鳴らして行きますね。鹿もそうなんですけど、繁殖期は近寄ると危ないですよ。出会い頭に熊はビックリしちゃって体当たりしてくるんですよね。だからといってかじられるわけじゃないけど。月輪熊《つきのわぐま》で草食ですから。ひどいときは大怪我しますけど、たいてい軽い怪我で済んじゃうんです。恐いのは人間のほうですよ、何するかわからない。

――そうですよね。予測できないことをすることもありますからね。

ナイフなんか持ってる女性もいるんですよ。ナイフ持ってこっちに来ちゃうかなっていうのは全然恐くないんです。ナイフを自分のほうに向けて、「そばに寄ったら私死ぬわよ」って言われたら、近寄れないじゃないですか。

――なんか、殺したみたいになっちゃいますよね。

そうすると、それを取り上げるまでというのが大変で、結局ある距離まで近づいて足で蹴《け》り落とすしかないんですね。

――あ、すごい。そういう技をお持ちなんですか。少林寺拳法とか。

少林寺拳法やってたんです。

――そうなんだ、やっぱり。でないとできないですよね。

いまはもう足が上がりませんけど。

「なんとなく死にたくなくなっちゃったな」

――今日樹海を案内してもらったとき、束になったロープが置いてありましたけど、一番多いのは首吊りですよね。次は薬ですか。

そうですね。

――薬の場合は完全に成功するということでもないんでしょうね。

薬の場合は衰弱死ですね。たぶん溶岩に熱を奪われて、体温が急激に下がっちゃうんで、血液が回らなくなって、足のほうから壊疽《えそ》していくんです。助かっても腕と両足を切断した人が多いですね。

――自殺する人は食べ物は持って来るんですか。

持って来る人はいっぱいいます。今日、ロープがあったところに座る椅子がありましたよね。ああいう人たちっていうのは、だいたいそばに食べ物がいっぱいあるんですよ。

――じゃあ何日かはそこにいると。ご飯炊く人はいませんよね。

ご飯炊く人はいないですね（笑）。たき火する人はいるんですよ、寒くて。道の真ん中でたき火するんです。

――山火事になっちゃいますよ、危ないですね。

雪山なんかだと冷え過ぎると逆に体が熱くなっちゃって、樹海でもそれと同じ現象が起きてね。私も見たことあるんですけど、若い女の人が素っ裸で走ってるのがいるんですよ。

――へぇー。

睡眠導入剤飲んで死のうと思ってるんだけど、熱くなっちゃって服全部脱いじゃうんです。近所の人で巡回する人も、そういう人をよく見るらしいです。

――樹海は一番寒いときはどのくらいになるんですか。

最近はマイナス十度ぐらいじゃないですかね。昔はマイナス二十度ぐらいありました。

――首吊りして、失敗した人に会ったことがあるって本に書かれてましたけど。

はい。一人だけ、北海道の人で。首に縄のあとがあって、どんな場所でやったのか聞いたら、そこは足が立っちゃうんですよ。それで苦しくて外したんでしょうね。首吊りは苦しくないっていうんでやったけど、ものすごく苦しかったって言ってましたね。

――その人とはどこで会ったんですか。

出てきて椅子に座ってたんですよ。これから行くのかなと思ったけど、もう首にあとがあるし、どうしたんだろうと思っていろいろ聞くと、苦しかったから別の方法で死にたいとか言って、その人大学生だったのかな、生きて行く目的がわかんないとか、なんかそんなこと言ってて、「そんなもんわかるわけないじゃないか」って。「おじさんなんか富士山が噴火してなくなっちゃいそうだから、それを見てからいろいろ考えようかなと思ってるんだけど、富士山なくなるっていうのは面白いだろ?」って言ったら、「えっ、富士山なくなるんですか?」って。「そうだよ噴火してなくなっちゃうんだよ、日本人だったらそれ見てからのほうがいいよ」「そうですね」って。「ヘンなおじさんですね」って言われながらね。その人「なんとなく死にたくなくなっちゃったな」って。

——自殺をしようとしている人に声を掛けて、思い留まった人との交流とかもあるんですか。

それは一切ないですね。

——手紙も来ないですか。

一切わからないようにしてるんで。

——ああ、連絡取れないように。来られると困るという。

大変ですよ。ずっと生きててくれればいいけどね。話した人が死んで、親に「おまえが殺したんじゃないか」って最初の頃言われましたよ。

――でも、やめた人には命の恩人ですよね。

警察とか、テレビ番組の取材に協力したこともあるんで、テレビ局のほうには連絡が来て、お礼言ってましたって。

――テレビはどのくらいやられたんですか。ドキュメンタリーとか。

ドキュメンタリーというか、報道番組で、もう何十回とやってますね。毎回同じこと喋《しゃべ》ってるんですけどね。なんでここで自殺するんでしょうかって言われても、私にはわかるわけないんで。

――声掛けても行ってしまう人はいなかったんですか。

入るときに睡眠導入剤みたいなのを飲んでる人は、ものすごく足が速いんで追っ掛け切れないんです。すぐわかるんで、スーと入る人は追い掛けないですね。

――なんで速くなるんですか。

理由はわからないですけど。そういう人は声掛けても何しても走るように入って行きますよね。その人にとってはその人が行くところが道だけど、我々には道じゃないところはきついですから。一回テレビ局の人が、「追っ掛けちゃダメですよ」って言ってるのに追っ掛けちゃって、出て来れなくて、翌日の朝になって全然関係ない国道に出てましたよ。

――声掛けて、余計なことするなって怒る人はいますか。

あ、そういうのもいますよ。あと、意味がわかんないんだけど、樹海に来て手首を切って大騒ぎする人もいますね。

――大騒ぎって自分で。

自分で騒いでるんです。それは発見されたかったのかもしれないですね。

花束から悲しみだけが見える

――自殺する人は、未遂にしても勇気あると思いますね。やろうと思ってるわけじゃないんですけど、自分が自殺することを想像すると、できないじゃないですか。一瞬じゃないですよね。

一瞬じゃないですね。首吊りは三十秒ぐらいで脳がマヒしちゃうから、わりと早いらしいんですね。でも、あんまりきれいだと思わないですね。鼻汁は出てるし、ダラーッとしてるし、死後五時間から十時間だと顔が紫色になってるし、死後硬直もあるし、どう見てもきれいだと思わないですね。それを通り越しちゃうとね、意外ときれいなんですよ。

――白骨になると。

いやいやそうじゃなくて、外して一日経っちゃうと。まあ、我々が鼻が垂《た》れててみっともないと思ってるだけなんですけど。ただ必ず歯のところに舌が引っ掛かってるんですよ。歯と歯の間から舌が見えるんです。

――死体がきれいなのはどういう死に方ですか。

睡眠導入剤で衰弱死して、直後に見つかるんだったらきれいかもしれないですよ。でも、日にちが経つと虫が湧《わ》いてるし、ジーパン穿《は》いてる女性なんか、うつぶせで倒れてたんですけど、お尻のところからジーパン破っちゃって虫が出てて。女性の場合、犯罪っていうこともあるので、警察に搬送されて性器の中まで調べられますから。ま、白骨になっちゃえば勝ちですけどね。

――人を食べる動物はいないんですか。

二十年以上前ですが、野犬がいっぱいいました。本栖湖《もとすこ》に東京の人が捨てに来たんですよ。最近いなくなっちゃって、どうしちゃったんだろうなって思ったら、考えたら犬の寿命は十五年ぐらいじゃないですか。だからもう死んじゃったんですね。もともと樹海って餌《えさ》が豊富なわけじゃないですし。

――いままで、青木ヶ原樹海で何人ぐらい死んでるんですか。

数字は出てないんです。昭和四十年頃から多くなってきて、捜索を始めるときから統計取り出したみたいですね。

――行方不明になってる人のほうがもっと多いんですよね。

そうです。

――一番印象に残ってることはどんなことですか。

すぐに思い出すのは、娘さんの自殺死体が運ばれて来て、親が呼ばれて、自分の子供だとわかってるんだけど、これは私の子じゃない、私の子は絶対こんなことしないって。あれが可哀想《かわいそう》だったですね。

――その親は信じたくないという気持ちですか、それとも子供を切り捨てたということですか。

信じたくなかったんですね。可愛くてしようがなかったんですね。

死体は見ただけだと腐ってるか腐ってないかそれだけの話で、見つけたらこの死体を誰かに返さなくちゃという気持ちが起きるけど、花束を見つけると悲しみだけが見えるじゃないですか。そういうときのほうが、まだ自殺した人に思いを寄せてる人がいると思ってせつなくなりますね。

――そういう花とかお菓子とかお酒とか、亡くなった人のために持って来る人多いんですね。

あと、悲惨だったのは、そばに写真が置いてあるんですよ。旦那さんとの恋人時代から、子供が生まれて誕生日祝いをしてるものから、全部の写真がリュックサックにあって、そのそばで自殺した女性がいましたね。首吊りで。うつ病の薬が入ってたんで、うつ病だったと思うんですけど。それは悲しいですよね。

——思い出と一緒に死んだって感じですね。

花嫁衣装が木の上にぶら下がっているっていうのもありましたね。それを着て自殺したんじゃなくて、ぶら下げてただけなんです。それをテレビ局の人が発見して、五十メートル以内を探してみたら死体があったんです。

——花嫁衣装を脱いでそこに置いてたんですか。

というか、買ったけど結婚できなかったんですね。そういうふうに想像したんですけど、全然わかんないです。

——それは何か訴えるものがあったんですかね、それとも自分が大事にしているものを持って来たみたいな感じですか。

いや、結婚したかったんじゃないですか。

——お年寄りは少ないですよね、大変ですもんね。

年いった人は、今日歩いた氷穴と風穴を結ぶ自然遊歩道のすぐそばですね。私の親父が八十八歳で死んで、葬儀から十日ぐらい経って、火山の調査で樹海に帰って来たら、すごいお化粧の臭いがしたんですよ。暗かったからそのまま帰ったんですけど、その臭いが気になって、絶対すぐそこで自殺してると思って、女の人だと思ったんですね。で、朝すぐ行ったら、七十ぐらいの奥さんに先立たれたお爺《じい》さんで、お化粧の臭いっていうのは龍角散《りゅうかくさん》だったんです。喘息《ぜんそく》みたいなのがあったんでしょうね。

――臭いに敏感なんですか。

割合そうかもしれないですね。

死と無

――海外のドキュメンタリーで樹海を案内しながら、「社会に適合できなくて亡くなる人が、昔は少なかった」とおっしゃってましたね。いまはそれが増えているわけですよね。それはどう思いますか。

コミュニケーションがうまくできないというか、パソコンに一日中向かっているんじゃなくて、人の顔を見て話すとか、そういうのがないと孤立しますね。

——逆に、想像ですけど、そういうナマっていうか、直接会うのを嫌う傾向もある気がしますけど。相手の感情をいちいち気にするのは面倒くさいというか。そうなったらおしまいですよね。深い付き合い、まあ結婚とかになると、お互いイライラしてるときとか、怒り狂ってるときとか、泣いてるときとか、笑ってるときもありますけど、いろんな感情がありますよね。やっぱり、人と接点を持つというか、顔を見て話すっていうことが一番大事なことだと思いますか。

顔色とか声の抑揚《よくよう》とか、その人と会わないとわからないからね。

——自殺しようとしてる人は、自分の世界から出られなくなってるんでしょうね。自分の中で自分を責めるというか。ちょっと視点を変えるとか、ま、そんなことできれば自殺はしないんでしょうけどね。

そうですね。ほんとにちょっと視点を変えられれば大丈夫なんですね。正しい言い方かどうかはわからないんだけど、自分の経験で言うと、自殺も一種の病気で、脳が風邪引いているようなもんだから、病気を治せばいいんだっていう。その病気を治す手立てはね、いまいい薬もありますけど、周りの人が気をつけるとか、そういうのが必要だと思いますね。

——今後、増えてくると思いますか、樹海に入る人が。

減ることはないと思いますね。昔とちょっと違うのは、昔は入っちゃうとほとんど出て来なかったんです。いまは入る人数がものすごく多いんだけど、出る人も多いんです。というのは、携帯が通じるんで。三六五日、一日に一人以上の人が警察に、いま出たいんだけど出られなくて、どうしたらいいいんだって携帯で電話してくるらしいです。

――最近散骨が流行ってるらしいですけど、散骨は青木ヶ原にしてくれって言う人もいるかもしれませんね。

それはどうですかね（笑）。でも、これだけ世界の人口が多くなって、我々年寄りが多くなると、しかも延命治療がいくらでも行われるようになると、本当に自殺って悪いのかって、年寄りは年寄りで悩みますよね。悩みません？

――悩まないですね。僕は自殺しないですし、たぶん今後もしようとは思わないだろうと。逆に長生きしようとも思ってないんですよ。それは自分では決められないと思ってるんです。まあ介護が必要になったりして、迷惑を掛けるようになったら、そのときどう思うかわかりませんけど。

家族に迷惑を掛けるんだったら死にたいって言ったって、迷惑掛けてるときには死ぬ気力もないしね。

――死の問題って難しいですよね。昔も同じように人は死んでたけど、そんなに難しくなかったような気がするんですよ。いま、たとえば病院入れれば、普通なら死ぬところをどんどん延命させるでしょう。それを誰が決めるのかみたいな問題があるし。本人は死んでもいいって思ってるのに、言えないからどんどん延命させられて、ただベッドで寝てるだけみたいな。逆に安楽死のことも話題になっていますよね。

自殺したほうがいいんじゃないかって考えるときには、死ぬと何もなくなるみたいな前提があるじゃないですか。生きていても面白くないし楽しくないから死ぬというとき、何を期待しているのかっていうのは、無になりたいんじゃないですかね。生きていることから解放されたい。

――僕は無が恐いんですよ、わかんないから。死んでも幽《かす》かに何か残るような、何も根拠はないですけど、何もなくなってしまうとは思ってないんです。しかしそれが何かに作用するかというと、そんなに強いものじゃなくて、ほんとにふわっとしたものだと思うんです。それはイメージですけど。イメージでしか言えないじゃないですか。

私は物質至上主義で、生きたって死んだって、人間だって人間じゃないものだって、単なる物質に過ぎないとしか思ってないんですよ。生きてることも死んでることもなんの変化もないと。

——それは肉体がということですか。肉体がなくなれば魂みたいなものもなくなるということですか。

精神があると思ってないんです。要するに、現象的には脳という物質があって、その物質が化学反応を起こしているんで、痛いとか面白いとか、それは脳が活動しているだけで、心があるとかそんなこと何も考えてないんです。たとえば精神的な何かが本当にあるんだとしたら、寝てるときには精神をどこかに置いておかないと、自分が何してるかわからないもんね。

——ああ、肉体から離して、棚みたいなところに置いといて（笑）。それは、突き詰めていくと寂しくないですか。

寂しいです。何もないんだから。もともと物質しかない。何かを感じるとか考えるとかっていうこと自体が、物質の化学反応だと。樹木が気候とか太陽とかに合わせて活動しているのと同じで、人間も同じように活動しているだけだと。それで、まったくそれ以外何もないと思いながらも、こうやって話したりおいしいもの食ったりすると楽しいなと思うから、そっちの側にいたいと思うだけで、それ以上は深く考えないですね。

早野さんの本『青木ケ原樹海を科学する』（批評社、二〇〇六年）を読むと、「人間だって樹木と同じ生物だ」と書かれています。また、こんなエピソードもその本にあります。

あるとき、早野さんが写真家の人と樹海を散策しているとき、苔むした頭蓋骨を発見したそうです。そこには頭蓋骨以外、骨も遺留品もなかったのですが、頭蓋骨が少し土にめり込んでいたことに疑問を感じた早野さんは、捜査に来た警察官にそこを掘るように言いました。そして掘ってみたら頭蓋骨以外の骨が出てきたそうです。死体の上を腐葉土が覆い、木が根を張り、骨を覆い隠していたのです。

早野さんが「人間だって樹木と同じ生物だ」と言うのは、長年一人で樹海の中を探索し、自然に帰っていく死体をいくつも見ているからなのかもしれません。

樹海をあとにするとき、ふと深沢七郎さんの小説『楢山節考《ならやまぶしこう》』（中央公論社、一九五七年〔後に新潮文庫〕）を思い出しました。雪が降ってきたからかもしれませんが、樹海が楢山とダブって見えたのでした。

楢山は架空の山ですが、この小説を読んだときから、僕の頭の中にははっきりと実在している山です。

この小説は寒村が舞台で、その村では口減らしのため七十になると誰もが楢山に行かないといけません。おりん婆さんは七十になる前、心優しい息子に背負われて、喜んで楢山に行きます。そして、楢山の頂上に着いたとき、おりん婆さんが望んでいた雪が降ってくるのです。

樹海に来る人は一人ぼっちです。そういう意味では、樹海は楢山より残酷です。口減らしではなく、いまは社会に適合できない人減らしです。弱い者切り捨ての社会からはじき出され、自ら死ぬために樹海にやって来るのです。

どうせロクでもない社会なんだから、真面目に自分を突き詰めるんじゃなくて、もっといい加減に生きたらいいのに、と思う僕は強い者だからでしょうか。

うつと自殺

十七年前のことです。いつものように会社に出掛けようとしていたとき、その当時一緒に暮らしていた妻とちょっとした口論になりました。それは夫婦ではよくある些細《ささい》な喧嘩《けんか》でしたが、そのときふと「別れよう」という言葉が出ました。二十九年間一緒に暮らしてきて「別れよう」なんて言ったことは一度もなかったので、妻は「よくそんなことが言えるわね」と言って本気にしませんでした。

その頃、僕は写真家の神蔵美子《かみくらよしこ》と付き合っていて、この人と暮らしたいと思っていたのですが、そのためには妻と別れなければなりません。しかし、長年一緒に暮らしてきたので、情がからんでなかなか踏ん切りがつかず、モヤモヤしているときでした。喧嘩のときにそれを言うのは卑怯《ひきょう》じゃないかと思ったりしたのですが、そういうときでしか言えなかったのも事実です。

僕はもう一度「別れよう」と言いました。妻は驚いたような表情になり「ほんと？」と言って僕の顔をジッと見ていました。「ほんとだよ」「好きな人がいるの？」「いる」「誰？」と聞かれましたが、僕は答えないで玄関で靴を履《は》きました。妻が「ねぇ、どうしたの？何があったの？」と言うのを尻目に、玄関のドアをバタンと閉めました。「嫌だあ〜!!」という妻の叫び声がドアの向こうから聞こえてきました。その声で胸がギュッと締めつけられるようになり、歩いていると涙が出てきました。

その日から三日間、家に帰りませんでした。携帯に頻繁に電話があり、十何回目かの電話に出ると、「昨日帰って来ると思って、ずっと駅で待ってたんだよ。夜も電話したけど出なかったね。ねぇ、帰って来て、私が悪かったから……」と、泣きながら言います。最終電車まで駅でポツンと待っている妻の姿を想像して、可哀想《かわいそう》でなりませんでした。

四日目に家に帰ったら、妻はゲッソリ痩《や》せていて、言葉遣いが妙に他人行儀でした。その夜、何を話したかよく覚えていません。次の日の朝、妻が三〇〇万円入った封筒を渡してくれました。僕が家出の資金にと電話で頼んだのですが、家を出て行く夫のためにお金を下ろしに銀行に行くのは、どんな気持ちだったでしょうか。

衣類の入った手提《てさ》げの紙袋にその封筒を突っ込み、なにぶん初めての経験なので何を言ったらいいのかわからなくて、「じゃあ、行くから」と旅行にでも行くようなことを言って家を出たのでした。歩きながら「四十九にもなって何をやってるんだろう」と思ったり、「これで自分が変われるかもしれない」と思ったりしました。

それまで僕は、何年もドヨ～ンとしていました。ドヨ～ンの原因はいろいろあったのですが、一番は三億の借金で、これがいつも胃をチクチク突っついていました。かなり高額の給料をもらっていましたが、そのほとんどが月々の返済に回っていました。しかし、サラリーマンではとても返せる金額ではありません。

それと、前から付き合っている女の人がいて、その人から頻繁に掛かってくる電話が憂うつでした。たまに会わないといけないという義務感で、ときどき食事しながら彼女の話を聞くのですが、その話はすべて自分に都合のいいように組み立てられたもので、それに反することを言うとすぐに機嫌が悪くなります。僕はその話を聞きながら、適当なことを言っていただけでした。

なんでそんなことをするのか疑問に思うかもしれませんが、恐いからです。うっかりして約束をすっぽかしたときは、怒りの電話が自宅に掛かってきました。偶然僕が出たから良かったのですが、妻にさとられないよう事務的に手短に話して電話を切ると、怒りが収まらないのかまた掛かってきます。僕は咄嗟《とっさ》に電話線を引きちぎりました。妻に「何すんの！」と怒られましたが。

うっかり彼女の言って欲しくないことを言ったばっかりに、人前で傘で殴られたこともあります。理由はよくわからないのですが、睡眠薬を大量に飲んで自殺をはかり、身元引受人に僕がなっていたらしく、病院から電話が掛かってきて駆けつけたこともあります。そういう人だったので、なるべく彼女の気持ちを荒立てないよう、いつもビクビクしながら付き合っていたのでした。

仕事のほうでも、編集の現場から離れていたので、自分が何をやったらいいのかわからなくて、それもドヨ〜ンの大きな原因でした。本来なら、管理職として社員の尻を叩き、売り上げを伸ばし、能力のない編集者をクビにして、才能のある編集者を集め、より売れる雑誌を作り、というのが僕の会社的役目だったのでしょうが、そんなことをやれる力もないしやりたくもありませんでした。会議に出ることと書類にハンコを押すのが唯一の仕事で、机に座っているのがつらくなるとパチンコ店に逃げ込んでいました。

おそらく、生きている感じがしていなかったのではないかと思います。生きている感じがするときはギャンブルをやってるときぐらいで、夜になると行きつけのバーで友達とチンチロリンをしたり、麻雀《マージャン》をしたり、地下カジノに行ったりしていました。

その頃、まるでカジノが解禁になったのではないかと思えるぐらい、新宿、渋谷、赤坂、六本木あたりに、換金できる地下カジノがたくさんありました。地下といっても、ビルの一階の広いフロアで堂々とやっている豪華な内装のカジノもたくさんありました。

僕がよく行っていたのは、三軒茶屋《さんげんぢゃや》の麻雀屋さんが転業したバカラテーブル二台だけの小さなカジノでした。美子ちゃんを一度そこに連れて行って一緒にバカラをやったことがあるのですが、「あんなのお金を取ったり取られたりするだけで時間の無駄だよ」と言って怒っていました。「ギャンブルなんかやらないで、末井さんはもっとやらなければいけないことがあるんだよ」と言われ、「この人キツいこと言うなあ」と思いながらも、そんなことを言ってくれる人が、これまで一人もいなかったことに気づきました。

美子ちゃんはのちに出した写真集『たまもの』（筑摩書房、二〇〇二年）で、その頃の僕のことを「あてどなく夜の街をひとりトットットッとさまよい歩いているはぐれ犬のような感じだった」と書いています。

「私と暮らせば楽しいよ」と言う美子ちゃんの言葉を信じて、「よーし、一発勝負だ！」と、バカラに全財産を賭けるような気持ちで家を出たのでした。

家出してからは、衣類の入った紙袋二つを会社のロッカーに置き、都内のホテルを転々としていました。

会社にいるときはそれまでと何も変わらないのですが、夕方になると紙袋一つ持って会社を出て、ホテルに予約電話を入れます。家路を急ぐ人たちを見てちょっと寂しくなり、まるで自分が二重生活しているような気持ちになりました。

そのうちホテルを探すのも面倒くさくなり、それにお金ももったいないので、どこか部屋を探すことにしました。いい部屋を見つけることには自信があると言う美子ちゃんと不動産屋を何軒か廻り、方南町《ほうなんちょう》にあった古いマンションに住むことになりました。

こうして新居が決まり、美子ちゃんと楽しい暮らしができるはずだったのですが、美子ちゃんはすぐに引っ越すことはできないと言います。「あれ？」と思いました。登っていた梯子《はしご》を外されたような、自分が早まったことをしているような気持ちになりました。

僕らは世間で言うところのダブル不倫で、美子ちゃんにも一緒に暮らす坪内《つぼうち》さんという夫がいました。美子ちゃんが坪内さんに、好きな人ができたから家を出ようと思っていると話したら、美子ちゃんはアーティストなんだから好きなようにすればいいと坪内さんは言ったそうで、その話を聞いていたので、てっきり美子ちゃんも引っ越して来るものと思っていたのです。

美子ちゃんが方南町に来るのは二日か三日に一回でした。美子ちゃんがいない日は、どうしても妻のことを思い出してセンチメンタルな気持ちになります。離婚とか慰謝料のことも気になります。そういうことを考えていると、またドヨ～ンとしてきます。

美子ちゃんは、忙しそうに撮影に出掛けたり、スタジオにこもったり、自分がやりたいことに向かって突っ走っているような人でした。それに比べて、僕はドヨ～ンです。まったく覇気《はき》がありません。美子ちゃんから「もっと何か話をしてよ」と言われても話すことが思いつかなくて、付き合っていた女の人のことばかりボソボソ話していました。

僕はそれまで、結婚しているのに何人かの女の人と付き合っていましたが、これは僕がモテたということではありません。なんとなく付き合い始めて、なんとなく飽きて、でも別れようとは言えなくてズルズル関係が続いている間に、また別の人となんとなく付き合い始めるという繰り返しで、要は僕の優柔不断が招いた結果でした。

浮気すればもちろん妻に嘘をつかなければなりません。新しく付き合う人が出てくると、その人に前から付き合っている人がいることを隠さないといけません。そうやって嘘ばかりついていると、罪悪感で自分がどんどん弱くなり、ますますドヨ～ンとしてくるのです。

美子ちゃんにはまったくやましいところがありません。隠すこともコンプレックスもなく、いつも丸腰で、嘘を言うことも、人にお世辞を言うこともできない人でした。自殺未遂の愛人がいたり、何億もの借金があったり、ギャンブルにうつつをぬかしたり、何をやりたいのかもわからないドヨ～ンとした男が目の前にいて、しかもその男と暮らそうとしているわけですから、それは不安になります。

美子ちゃんはいつもイライラしていました。「小さな嘘をつかないで」と言われました。嘘ばっかりついていると、自分に都合の悪いことを誤魔化《ごまか》す習性が身についてしまうのです。そして、「末井さんはいつも受け身ばかりで自分の意思がない」とか「人にお金を貸すのは自分がよく思われたいからだ」とか「みんなの御神輿《おみこし》に乗せられていい気になっている」とか、どんどん僕を攻撃してきます。いや、攻撃ではなくて僕に変わって欲しいと思って真剣に言っているのでしょうが、言葉がキツいのでどうしても攻撃されているように思って、美子ちゃんをなじる言葉が出てきます。

僕はわりと温和な性格だと自分では思っていたのですが、キレて物を投げつけたりするときは、自分の中にこんなにも怒りの感情があるのかと思って恐くなったりしました。そういうとき、前の奥さんといるときのほうが楽だったなあとか、一人になりたいなあとか、考えてはいけないことをついつい考えてしまうのでした。

そういう生活が何ヵ月か続いたあるとき、美子ちゃんが帰って来ないときがありました。

テーブルの上に置き手紙があって、それにはこう書かれていました。

末井昭様

奥さんに払う慰謝料のことまで私が口を出したりするのは、なんてあさましいことでしょうと思いますが、言わなければあなたは自分の気持ちを軽くしたり、奥さんにこれ以上悪く思われたくない一心で、奥さんが要求すればなんでも出すのでしょう。末井さんの中に、自分のことを考える気持ちはないと思います。そのとき、あなたの頭の中は、奥さんと自分だけなのだと思います。そして、その人に悪く思われたくないだけ。

奥さんに対して罪悪感があって、それがほんとうに嫌なら、一生奥さんに安心して暮らしてもらいたいと思っているのでしたら、それは奥さんのところにもどることです。そうしたら奥さんは一番安心するでしょう。

末井さんにとって一番大切なことは、誰からもよく思われたい、特に自分のことを好きな女の人からは、ずっとそう思い続けられたいということです。そんなにそれが大切なら、そうやっていい顔して暮らしてください。私は自分のやりたいことをやるために生きているし、それが基本なのです。自分がよりよく、何か価値のあることをやることを考えない人間にとっては、人の気持ちだけを考えて一生暮らすことになるでしょう。それが壊れそうになるとなんでもして、あなたは自分を大切にするということがないと思います。だから、もし私があなたの子供を産んで家庭を持っても、自分すら大切にできない人が、自分の家庭を大切にするということもないと思います。

私が残念に思うのは、私があなたにとって「大切なものになる」こともなかったということです。何かを選ぶということは、他のすべてを選ばないということで、人から少々うらまれたりしたって、そんなことあたり前です。それが恐い人は「選ぶ」ことができない。あなたは私のことも結局選べなかったんじゃないでしょうか。

私は自分が人に言うべきじゃないことも言ったり、○○さんや○○さんのことを悪く言っている自分がとても嫌です。私は自分を見失っていくような気がします。口に出すべきじゃないことまでいっぱいしゃべったのです。あなたを信頼しようということが、ずっと私にとっての格闘でした。私はあなたを信じたかったのです。


この手紙を読んだとき、もうダメだと思いました。美子ちゃんは、僕のことを信じられなくなっているのです。特に人からよく思われたいと考えていたわけではないのですが、僕の行動原理を突き詰めていけば、まったく美子ちゃんの言う通りです。これまで人からお金を貸して欲しいと言われれば貸し（ほとんど返してはもらえなかったのですが）、人から頼まれたらたいていのことはして、それが悪いことだとは思っていませんでした。しかし、突き詰めれば美子ちゃんの言う通り「いい顔したいだけ」だったかもしれません。そう思うと、どんどん自己嫌悪に陥ってきます。

自己嫌悪というものは恐ろしいものです。元気を吸い取ってしまいます。それまでドヨ〜ンとはしていましたが、まだ自分の可能性を信じているところもありました。しかし、自己嫌悪に陥ると、何をしてもダメなんじゃないかと思うようになり、まったく希望が持てなくなります。それはうつの始まりでした。

うつは肉体の疲れからなることもあるそうですが、精神的なことで言えば、自己嫌悪に陥ることが最大の要因ではないかと思います。自分の存在価値や存在理由がなければ、誰だって生きているのが嫌になります。いや、自己嫌悪に陥った時点で、もう死んでいるようなものです。

僕は死にたいとまでは思わなかったものの、うつ病の直前まで追い詰められていました。見る夢も、僕が誰かから追い掛けられ、逃げ回っているような恐い夢ばかりで、眠るのも恐くなってきます。

「末井さんはもっとやらなければいけないことがあるんだよ」という美子ちゃんの言葉だ

けが、深い井戸から這《は》い上がる一本の綱みたいに思って、何かしなければ、何かしなければ、と焦っていました。

僕にできることは文章を書くことぐらいなので、休みの日はノートを持って町をフラフラ歩き、思いついたことを喫茶店に入って書いたりしていました。しかし、書いても自己反省文みたいなことばかりで、うつをさらに増幅させているようなものです。気晴らしにパチンコ店に入ると、ついつい熱中してしまい、気がつけば夕方になっています。美子ちゃんに「今日、何してたの?」と聞かれるのが恐くて、このままどこかに行ってしまいたいと思ったりしました。

一年ほどして、方南町のマンションは、買い手がついたというオーナーの一方的な理由で出なければならなくなり、僕らは桜新町《さくらしんまち》のマンションに引っ越すことになりました。

桜新町に移ってからも気持ちが沈むばかりで、そういう僕の影響もあったのか、美子ちゃんもどんどん元気がなくなってきました。

朝起きると、美子ちゃんが無表情で「生きていてもなんにも面白くない」とボソッと言います。その言葉に対して僕は何を言ったらいいのかわからず、美子ちゃんに元気がないのは僕に元気がないからだと思い、またまた自分を責めてしまいます。

休みの日は、相変わらず町をウロウロして、日記風の文章を書いたり写真を撮ったりしていましたが、文章は相変わらず自己反省的なものばかりだし、写真もなんの変哲《へんてつ》もないただの風景写真でした。もう自分には何かを表現する才能もないし、新たに雑誌を立ち上げる気力もないと思うと、自分の行き場所がどこにもないような孤独な気持ちになって、町を歩いていると涙がボロボロ出てきました。オヤジが泣きながら歩いている、その光景を想像するだけで誰しも背筋が寒くなると思いますが、それを書いてみると面白いかもしれないとチラッと思ったりしました。

僕がブログで日記を書くようになったのは、赤瀬川原平《あかせがわげんぺい》さんが読売新聞で連載を始めた新聞小説「ゼロ発信」（単行本は中央公論新社、二〇〇〇年）を読んだのがきっかけです。「ゼロ発信」は日記のような小説で、それを読むようになって、僕も人に読んでもらえる日記を書きたいと思うようになりました。

ちょうどその頃、『パチンコ必勝ガイド』のホームページがリニューアルされることになったので、そこに僕の日記を連載するページを作ってもらうことにしました。タイトルは「ほぼ日刊イトイ新聞」を真似《まね》して「ほぼ毎日スエイ日記」としました。桜が咲いたとか、膝《ひざ》が痛いとか、気持ちが沈んでいるとか、美子ちゃんと旅行したこととか、パチンコをしたとか、喧嘩したとか、それまでノートに書いていたような、日常の些細なことや自己反省的なことを書いていたのですが、人から「読んでますよ」と言われると、少し前向きな気持ちになってきました。「面白いですよ」と言われると嬉しくなり、閉ざされていた心に窓が開いたような感じがしました。

自己嫌悪は、自意識が作り出したブラックホールのようなものです。意識が全部そこに吸い込まれてしまって、なかなか抜け出せません。そこから抜け出すためには、自分のことを真剣に聞いてくれる誰かが必要です。自力で脱出するためには、自分を客観的に見るもう一人の自分が必要です。日記を書く、それも人に読んでもらう日記を書くということは、自分を客観的に見る訓練になります。

僕の場合、「ほぼ毎日スエイ日記」を書き出して、それを読んでくれる人がいたおかげで、自己嫌悪のブラックホールから抜け出すことができました。だから、自己嫌悪に陥ったり、気持ちがモヤモヤしている人は、ブログでその状況を日記風に書いたらいいのではないかと思います。僕もそうでしたが、内向した文章は人に見せるのが恥ずかしいものです。しかし、ブログを始めて感じたことは、自分にとって深刻なことや恥ずかしいことほど、人は面白がってくれるのではないかということです。赤瀬川さんの「ゼロ発信」でも、夫婦喧嘩の話が書かれていたときは、ドキドキしながら読んだ記憶があります。おおむね、人は他人の幸福より不幸のほうが好きなものです。人が面白いと言ってくれると、書き続ける原動力になります。書き続けていると、だんだん自分を客観視できるようになってきます。

特に、自殺まで考えている人は書くことがいっぱいあるはずです。自殺することを決意するまでの経過や、考えている自殺の方法や、死ぬことの恐怖や、自分の頭の中にあるものをすべてさらけ出してみることです。自殺となるとただごとではありませんから、きっとみんな注目すると思います。

どんなにつらい状況でも、それを笑えるようになれば、生きていくのがうんと楽になります。

不思議なもので、自分を肯定できると、相手のことも肯定できるようになります。

自己嫌悪から抜け出してからは、美子ちゃんと喧嘩をすることも少なくなってきました。そして嘘もつかなくなりました。嘘は自分に都合が悪いことを隠すことで、自分が孤立することです。嘘をつかなくなると、晴れ晴れした気持ちになります。

まあ、だいぶ時間はかかりましたが、いまは美子ちゃんとは仲良く暮らしています。最近二人の間でよく言うことは、「あのとき別れなくて良かったね」です。

慈しみの眼差し

自殺未遂で有名な、と言うとおちょくってるみたいだし、ビョーキのスター、と言うとさらにおちょくっているみたいだし、どう形容したらいいのかわかりませんが、対人恐怖症からアルコール依存症になり、自殺未遂、精神科病棟への入退院を繰り返し、その体験を書いた著書も多数ある、月乃光司《つきのこうじ》さんをインタビューしました。

月乃光司という名前を知ったのは、雑誌だったかネットだったか忘れましたが、アルコール依存症、薬物依存症、摂食障害、自殺未遂といったビョーキの人たちを集めた「こわれ者の祭典」というイベントがあるという記事を読んだときでした。そして、その主催者が月乃さんでした。

僕は障害者プロレス「ドッグレッグス」が好きでよく観に行っていたので、その延長として「こわれ者の祭典」も観てみたいと思っていたのですが、身体障害者ではなく精神障害者というところがちょっと怖くて、結局観ずじまいでした。しかし、月乃光司さんとはいずれどこかで会うんじゃないだろうかという、予感のようなものがそのときありました。

それから何年か経って、この『自殺』を書くようになって数ヵ月経った頃、「ストップ！自殺～それでも私たちは生きていく～」というイベントが渋谷のアップリンクであることを知って、原稿のネタになるかもしれないという疚《やま》しい気持ちで、観に行くことにしたのでした。

アップリンクに申し込むと、満員で立ち見になるかもしれないということだったので、正直、自殺なんていうネガティブなイベントに、なんでそんなに大勢の人が集まるのか不思議でした。

イベントの告知をよく見ていなかったので、このイベントの主催者が月乃光司さんであることを、会場に行って初めて知りました。予感が的中したというより、自分が『自殺』を書き始めたことも含めて、何かつながりのようなものを感じました。

そのイベントは、自殺未遂をした人が、自分たちの体験を語ったり、パフォーマンスをしたりするもので、大槻《おおつき》ケンヂさん、細川貂々《ほそかわてんてん》さん、香山《かやま》リカさん、雨宮処凛《あまみやかりん》さんといった、錚々《そうそう》たる方々がゲストとして出ていました。

司会をする月乃光司さんを見て、思っていたよりちゃんとした人というか、もっと危ない人だと思っていたので意外な感じがしました。そんな月乃さんが、パチンコ屋のトイレで、照明器具にホースを掛けて首吊り自殺を試みたというような話を、まるで世間話でもするかのように話すのを聞いて、やっぱりどこか壊れている人なのかなあと思ったりしたのでした。

このイベントで感動したのは、かつて自殺未遂をした方々が、それぞれ自分の体験を朗読するところで、特にオートバイ事故で全身丸火傷《やけど》になった古市佳央《ふるいちよしお》さんの朗読には心を打たれました。大火傷した自分の顔を鏡で見て自殺まで考えるのですが、「いまのあなたがいい」と彼女に言われて生きる希望が生まれたという話に涙が出ました。そして、その人たちを見る月乃さんの優しい眼差しが印象的でした。

最後に月乃さんも、オナニーがやめられない「変質者としての私」という詩を朗読して、それを聴いて思わず笑ってしまいました。笑いながらも、こんなに自分のことを赤裸々《せきらら》に語れるものかと思い、自分のブザマな体験を話すことによって、誰かが生きるヒントを摑《つか》んでくれたらという、月乃さんの決意表明に心が動かされたのでした。

三時間半にも及ぶイベントが終わり、ロビーに置いてある本を見たりしていたら、月乃さんが出て来て「末井さんですよね。最初っからいらっしゃるのわかってましたよ」と言われ、僕は人より顔が大きいので目立ったのだろうと思ってちょっと恥ずかしかったのですが、初対面の人には緊張するのに、月乃さんには全然緊張しなかったのが不思議でした。

このイベントを観たのがきっかけで、月乃さんの著書を読んだりするようになり、アルコール依存症や自殺未遂の体験と、それを乗り越えたきっかけをぜひ聞きたいと思って、月乃さんにインタビューを申し込んだのでした。

自分の唇がすごく厚くてヘンだって思うようになって

――「ストップ！自殺」のイベントのとき、自殺未遂した人や自殺を考えたことがある人が四人出ていて、その人たちを見る月乃さんの目が、何か自分の子供を見るような、慈《いつく》しみの眼差しで見ているのが印象に残ってるんですけど。

友達なんでね、みんな。私が「この人いいなあ」と思った人に趣旨を話して出てもらったんですけど、基本的にみんな私が好きな人なんですね、人間として。だから、「この人好きだな」っていうオーラが出てたのかもしれないけど。

――子供の頃から順番に話を聞いていきたいんですけど、月乃さんはずっと新潟ですか？

生まれたのは富山だったんですけど、子供の頃新潟に引っ越したんで、富山の頃のことは覚えてないですね。

――高校のとき対人恐怖症になるんですよね。それからアルコール依存症になって、自殺未遂を繰り返すようになって。

そうですね。十五歳を境にして、そういう症状がいろいろ出てくるんですけど、一番初めは醜形恐怖症《しゅうけいきょうふしょう》っていう神経症みたいなのがあるんですけど、それになって。まあ、容姿コンプレックスなんですね。十五ぐらいまでは、多少問題はあったんでしょうけど友達も比較的多かったし、そんなに問題はなかったんです。それが高校に入って、同じ中学からその高校に進学したのは、私と女の子の二人だけなんで、新しい友達作らなきゃとかなるんですけど、自分の顔を鏡で見たら、具体的には唇なんですけど、自分の唇がすごく厚くてヘンだって思うようになって、すごい自分の顔は醜《みにく》いって確信したんですね。いま思えばたあいのないことですけど、こんな醜い顔だと誰にも相手にされないし、人が自分を見ると俺の顔のことを笑ってると思ったり、そういう症状になりまして、学校に行っても人と全然口きけなくなっちゃったんです。授業中もずっと顔隠してて、昼休みになると、友達いないから図書館か便所の個室にずっと隠れてて、そのときから自殺願望とか出てきたんですけどね。

——どうしてだろう？　全然カッコいいと思うんですけど。僕なんか相当ひどい顔ですから羨《うらや》ましいですよ。

結構ルックス重視だったんですね、子供の頃は。家庭環境もあると思うんですけど、父はいろいろ問題あって家にあまりいなかったんですけど、母と姉が二人いて、みんなに可愛《かわい》がられてて、うちでは可愛がることがすごい大事なことだったんですよ。「可愛い、可愛い」って言われてて、子供の頃はクラスの女の子にも人気があったんです。ところが、中学に入ったときからいろいろ神経症が出てきて、学校に行くと唇を舐《な》めなきゃいけないっていう強迫観念が出てきたんですね。「やっちゃいけない、やっちゃいけない」と思うほど唇舐める、するとだんだん唇が荒れてきて赤くなってきたりして、どんどん唇に気持ちが集中していって、中学三年間はそれに囚《とら》われていたんですよ。中学のときにタラコ唇とか言われたことがあって、それも引き金になったんでしょうね。

——ちょうどいい感じだと思いますけど。

そうですか。いま別になんとも思ってないですけど（笑）。十代の頃は、顔、並びに唇が常時気になっていたんですよ。それで、唇が厚いのを悟《さと》られないようにしようと思って、外にいるときは唇を薄く見せるようにしたりして。そうすると、誰とも口きかないですから。孤独ってつらいもんですね。いまでも基本的に対人恐怖なんで、人間は苦手なんですけど。

埼玉のアパートで二年間ひきこもり

――イベントで司会したり詩の朗読をしている月乃さんを見ていると、対人恐怖症なんて全然思えないですけどね。

タイプがあるみたいですよ、対人緊張の人って。私、いまみたいなシチュエーションって緊張するんですよ（喫茶店の個室で、僕と担当の鈴木さんを前にして）。普段会社員なんですけど、会社でもすごい緊張してるんですよ。だけど、対人緊張の人って、人前に出るとアドレナリンが出てペラペラ喋《しゃべ》ったりするタイプと、普段は緊張しないけど人前に出るとダメなタイプの二パターンがあるみたいで、私の場合、日常が緊張して、イベントなんかだとわりと平気なんですよ。というか、どちらかというと目立ちたいほうなんで。

いま、引きこもりの人に会う機会が多いんですけど、引きこもりだから喋るのが苦手かなと思うと、急にそういう場を与えられるとむしろ自己主張が強くて、「俺が、俺が」みたいなタイプが多いんです。私もまったくそうですけど。

――月乃さんはステージで叫んだりするでしょう。僕は人前で叫んだり絶対できませんから、それができるのがすごいなって思って。会社なんかで、みんなの前で挨拶したりするとき、すごく緊張してボソボソ話すから説得力ないんですね。その代わり、僕はサックスやってるんですけど、サックス持つと結構いいんですよ、人前でわりと自由になれるというか、だからハマっちゃってるんですよ。

それはたぶん、末井さんのサックスと私が叫ぶのは同じかもしれないですね。

――だから羨ましいですね、叫びながら詩を朗読できるのが。ロックコンサートみたいな感じありましたね、「ストップ!自殺」は。

ああ、そうですね。私はさっき言ったような十代を過ごして、パンク世代ですから、十九から二十歳ぐらいのときに「みんな死ね」とか「みんな壊れてしまえ」とか思ってて、日本の純パンクみたいな、遠藤ミチロウさんとか、あのへんがすごい好きになって、そういう影響があると思うんです。

――僕もパンク好きなんですね。

銀杏BOYZのこと書かれてますよね。銀杏BOYZは私も好きですよ。

――月乃さんは一人で新宿ロフトに行ったりしてたんですよね。

あ、そうです。当時は友達がいないんで、昔の新宿ロフトとかに行って、ばちかぶりとか、あぶらだことか観てました。

――すごいですね、ばちかぶり見てたのは（笑）。

田口トモロヲさん、心のはけ口になってましたね。それから、戸川純《とがわじゅん》さんが当時すごい好きでね。ネクラのアイドルっていうか、すごくブレイクしたときで、戸川さんも対談とかエッセイとかで、十代の頃自閉っぽい時間が結構あったみたいに書かれていて、ものすごい感情移入しまして。タレントさんを恋愛対象にする人は結構いるんでしょうけど、生身の女の子と会う機会がほとんどなかったんで、恋愛対象というか、ハンパじゃないぐらいに好きになって、頭の中に殺害計画みたいなのがありましたね。当時松田聖子さんがファンに殴られるっていう事件があったんですけど、すごくよくわかると思ったんです。戸川純さんへの想いを自己処理するとしたら、絶対接点なんてないですから俺が殺すしかないんじゃないかと、もちろん実行しなかったんですけど、頭の中でそんなこと思ってました。

――そんなに好きだったんですか。で、高校はどうなるんですか？

高校は半分ぐらいしか行かなかったですね。一年生ぐらいのときはまだ行ってたんですけど、だんだんみんなが怖くなって、朝学校行くって言ってうちを出て、橋の下でずっと本読んでたりとか、サボってたんですよ。だんだん学校行かなくなって、卒業できないかもしれないって言われたけど、当時の校長先生が温情で卒業させてくれたんです。卒業式には出なかったんですけど、母親が出て卒業証書もらってきたんです。

それから、うちは大学行かなきゃいけない家だったんですよ。父がゼネコンの会社で結構出世した人で、子供の頃父からよく言われていたのは、とにかく大学に入って一流企業に勤めなきゃダメだって。そういうタイプだったんです。そういう親は当時多かったと思いますけど。小学校とか中学校のとき、目の前で折れ線グラフ描くんですよ。高卒の初任給と大卒の初任給の給与格差はこれぐらいあって、とか。さほどないんですけど、だんだん格差が開いていって最終的に、六十が定年だとするとものすごい給与格差になるって、そういうグラフ描くんですよ。だから、子供の頃から必ず高校出て大学出るっていうのが確定してたわけです。

父は、ありがちな話ですけど、もう一つ家庭があったんですよ、愛人みたいな人がいて。そこに私が会ったことがない認知した弟がいて、父はうちとそっちの家を行ったり来たりして、うちにときどきしかいない人だったんですよ。でも、金銭的には全然不自由しなかったんです。母は父の悪口をいまでもよく言いますけど、一つだけ良く言うのは、あの人は毎月必ず金は入れてくれたって。

そんな父親だったんで、俺は高校出たら大学受けなきゃいけないから、偏差値五十以下ぐらいの大学をいろいろ受けたんです。でも全部落ちて浪人することになって、父が現れて予備校の手配とかしてくれて。予備校にはほとんど行かなかったんですけど。それで次の年にまたいっぱい受けて、一つだけ埼玉にある大学に受かって、親がみんな手配してくれて、埼玉の東松山に出て来たんです。

父なんか、高校のときは元気なかったけど、大学に入れば元気良くやるんじゃないかとか思ってたみたいですけど、俺の症状はなんにも変わってないんで、大学にも行けないですよね。それでずっと二年間その東松山のアパートにこもってました。結構高額な仕送りを毎月もらってたんです。ひどかったですよ、テレビでよくゴミ屋敷とかやってますけど、自分の座るスペースがあるだけで、それ以外はゴミがうず高くなっているような、すごい感じで。

――整頓《せいとん》する気力もないということですか。

そういう考えもなかったですね。いまもダメなんです。昨年結婚したんですけど、俺の部屋っていうのがあって、嫁には「絶対この部屋に入るな」って言ってるんです。いい嫁だから入らないんですけど、なんかあそこらへんに行くと臭いって（笑）。臭いんですよ、俺の部屋って。当時ほどではないんですけど、布団《ふとん》を全然干さないから。それと、たまにオナニーするんですけど（笑）、ティッシュをポイポイ投げる癖があって、大学生の頃と何も変わってなくて。

大学生のときはもう無法地帯ですよ、ゴミの日とか把握すらしてないわけですから、常に俺の部屋にゴミが満ち溢《あふ》れていて、いま考えると恐ろしい世界ですよね。それで、自殺したいマックスっていうか、寂しいですしね、戸川純に対する思いが俺にとって生きがいだったんですけど、あとは死にたいとずっと思ってて、その頃から酒飲むようになって、酒飲むとちょっと孤独感から抜け出せるみたいな。

社会復帰するきっかけは精神科とエロ本

——二年間はほとんど外に出なかったんですか？

酒を買いに行くとき以外は出なかったんです。死にたいと思ってたけど死ねないし、そういう状態から一回社会復帰するんですけど、そのきっかけは精神科とエロ本なんですね。

スポーツ新聞見てたら、醜形恐怖症っていう症状の人が増えてきたって、容姿を気にして外出しないとか、客観的に見ると容姿が劣《おと》っていることはないのに一部にすごく固執《こしつ》するみたいな、そういう人がいますと慶應義塾大学病院精神科の先生がコメントしてたんです。なんか自分に当てはまるなと思ったんですね。あまりにも苦しいから、その先生のところに行ったんです。そしたらその先生が、やっぱり醜形恐怖症だと。「死にたいですか?」って言うから、メッチャ死にたかったから「死にたい」って言ったら、でも死なないでまた二週間後に来てくださいって。で、薬物療法ですね、精神安定剤と抗うつ剤と抗不安剤みたいな薬出されて、この三つを飲んだらちょっと元気になってきたんです。

それと、投稿マニアだったんですよ。ハガキにイラストみたいなのを描いて、それをいろんな雑誌に送ってたんですね。絵は、病気だからちょっとおかしかったんでしょうね、それが面白いって言ってくれるところもあって。で、一番使ってくれたのが梅林敏彦《うめばやしとしひこ》さんっていう人。

――ああ、知ってますよ、梅林さん。昔、一緒に出版関係の事務所やってたこともあるんです。

そうですか。当時『平凡パンチ』が、エロからサトウサンペイの表紙になったときってあったじゃないですか。

――ちょっとサブカルっぽくなったとき。

あのとき、梅林敏彦さんと生江有二《なまえゆうじ》さんが「トーキングジム」っていう投稿コーナーやってたんです。そこで何度も俺の投稿載せてくれたんですよ。それで月間賞みたいなのがあって、それもらったのかな。そしたら『平凡パンチ』の人とかが声掛けてくれて使ってくれたりしたんです。

それと、いがらしみきおさんがすごく好きだったんですけど、『ぼのぼの』の前ですね、下ネタの過激なネタみたいな頃。あの人は漫画のパンクみたいなもんですよね、当時は。いがらしさんの漫画を掲載してた雑誌が『劇画ブッチャー』とか、エロ本だったんですね。ギャグ漫画だけどこういうところに描く場があるんだなって気づいたんで、模倣に近いような四コマ漫画描いて、それをエロ本のサン出版とか司書房《つかさ》とか三和《さんわ》出版とか、そのへんのところに持って行ったら載せてくれたんですよ。それやってたら、すごく収入少なかったけど一〇万を超えるぐらいになって、ギリギリ喰《く》えるなって思って。ずっと自殺願望続いてたんですけど、薬の力で外に出ることもできるようになったんで、親に漫画家になるって言ったんです。

父は、俺の絵がポツリポツリ載ってるの知ってて、父が亡くなってからその当時の『平凡パンチ』の切り抜きがいっぱい出てきたんで、見ててくれたんですね。一度うちに帰って、漫画家になるからって言ったら、甘い父だから二〇万くれまして、それで上京したんです。池袋のアパートに越して来て、それから三年ぐらいかなあ、向精神薬飲んでエロ本をベースにした仕事でなんとかやってたんですけどね。

それともう一ついいことがあって、『平凡パンチ』に投稿してた女の子がいたんですね、当時中央大学の学生の。その子のイラストとか面白かったから、梅林さんに電話してその子の電話番号教えてくれって言ったんです。そしたら教えてくれたんで、その子に電話したんですよ。で、会って、精神科に入院歴がある女の子で、その子と同棲《どうせい》したんですね。

——ほう。

親には内緒で二人で二年ぐらい一緒にいたかなあ。漫画描いていれば人と会う時間ないし、薬があれば人と会っても大丈夫だったし。末井さんとも会ってるんですよ。

——えっ、僕は全然覚えてないですよ。

パチンコがらみの仕事をしたと思うんです。で、その女の子と別れちゃったんですけど、別れて一人ぼっちになって、それが結構大きくて。

——それは大きいですよね。

人間関係がその人に限られていたし、すごい依存心が強かったんで。

へたれじゃなかったら立派に死んでた

――そのあとアルコール依存ですよね。

はい。池袋のアパートにそのまま一人で住んでたんですけど、常時お酒を飲むようになってきたんです。社会不適格だから締め切りが守れないんですね。原稿描かなきゃいけないと思うと、すごいプレッシャーがかかって、描こう描こうと思うと描けなくなっちゃって、それでまた酒にいくっていうか、だんだん朝からずっと飲むようになっちゃって、連続飲酒ってやつですね。一日二十四時間のうち、酒飲んでる時間のほうが長くなってきたら、もうアルコール依存症ですよね。毎日晩酌《ばんしゃく》する人とか、夜になったら飲む人もいますけど、飲んでる時間が数時間ならまだいいんです。飲んでる時間のほうが長くなると、体的に酔っぱらってる状態のほうが正常になってくるじゃないですか。切れると離脱症状（禁断症状）が出てきますよね。彼女が出て行って、しばらくして絵を描こうとすると、手が震えるんですよ。当時は緊張してるからだと思ったんですけど、缶ビール飲むと震えが止まって描けるようになるんです。

二十三、四のときに身体依存までできてて、どばっと原稿落としちゃったんです。原稿料って三ヵ月後に振り込まれるじゃないですか。だから一斉に仕事やめても、三ヵ月間はお金入ってくるじゃないですか。その金がなくなったら自殺しようと思ったんですけど、そう考えたら朝から晩まで飲んじゃうわけですよ。朝とか昼とか晩もないんですね、目が覚めたら飲むんで。それで死のうと思ったんですけど、死ねなくて。いろんなことやりましたけどね、薬飲んだり、首吊ろうと思ったり、アパートで死ぬと大家さんに迷惑掛けると思って、ホテルに泊まって、空気の取り入れ口に浴衣《ゆかた》の紐を掛けて、足離そうと思ったけど離せなかったり。ダメなんです、へたれなんですね。へたれじゃなかったら立派に死んでたんですけど。

昨日、漫画家の吾妻《あづま》ひでおさんとそんな話してたんです。吾妻ひでおさんもさんざん自殺しようとしてて、結論から言うと、俺も吾妻さんもへたれで、本当に立派な人だったらとっとと死んでたと。吾妻さんはドアノブ自殺をさんざん試していて、それやったけど死ねなくて、俺は手首切ったりいろんなことしましたけど死ねなくてね。

手首切っても死にはしないんです。切ったときは痛くてどうしようもなくなって、病院に行って入院させてもらおうと思ったんですよ、慶應大学病院精神科に。でもベッド数が限られてるから急には入院できなくて。手首を切ってるから救急に回してもらって、救急の人が縫《ぬ》ってくれたんです。看護師さんに涙を拭《ふ》いてもらいながら。それで行き場所がなくなっちゃって、先生が薬くれたんですけど、それを全部飲んだんですよ。そしたらヨダレが止まらなくなって、幸いにっていうか、死にもしなかったんですね。

お金も全然ないし、にっちもさっちもいかなくなって、数少ない知り合いにサン出版の編集者の人がいて、その人に金借りて新潟に帰って来たんですけどね。それが二十四か二十五で、二年間ぐらいずっとうちにこもってて、精神科に通ってたんです。

一年後にまた死のうと思って、精神科の薬一袋全部と、母親が俺がそんな状態だから睡眠薬飲んでたんですけど、その睡眠薬全部とウイスキー一本ぐらい飲んだんです。もうこれで死ぬだろうと思ったら、俺、飲んだあと記憶がないんですけど、暴れていたらしくて、それを母親が見つけて、近くに姉の義父がいて、その義父と母親の二人で、新潟の精神科の病院に連れて行ったんです。自傷他害の恐れがある人は保護入院できるんですけど、病院でも暴れてたんで保護入院になって、それが一回目の精神科入院。

――睡眠薬と酒を一緒にやるとねぇ。

ヤバいですね。当時はそんなことばっかりやってて。

――最初の入院期間はどのくらいですか。

病院に二ヵ月半ぐらいいて、ちょっと元気になったんですよ。酒飲まないで抗うつ剤とか飲まされてるから、ちょっと前向きな気持ちになって、お酒をやめて社会復帰しようとか思ったんです。そしたら、いま考えると母もバカだと思いますけど、退院したら仕事につけるように免許取らすし、車買ってあげるって言うんですよ。で、退院して免許取って、車買ってもらったんですけど、また飲み出しちゃって。恐ろしいもんですね、最初はビール一本ぐらいのつもりだったのが、一週間後にはボトル一本ぐらい飲むようになるんですね。いま酒をやめてるのは、そういう肉体的な体験があるからなんですけど。

で、寝ようと思って、うちにお中元でもらった日本酒があったんで、それを飲んだんです。精神科に通ってたから薬も飲んで寝ようと思って、薬を飲んだところまでしか記憶がないんです。結果からいうと、薬全部飲んでますね、やっぱり。日本酒は五合ぐらい飲んでたんですけど、そしたら、車に乗って対向車線突っ切ってガードレールぶつかったらしいんですけど、まったく記憶ないですね、車に乗ったのも。

——人を轢《ひ》かなくて良かったですね。

そうですね。痛ましい事故のニュースなんかあると、本当に身につまされますね。だって対向車線突っ切ってるわけですから、人を撥《は》ねてたかもしれないし。

それから、事故ったあとまた入院して、そのときはうつっぽいのがマックスになっていて、病院でも立っていられなくなっちゃって。あまりにも不甲斐《ふがい》ないから病院でもいじめられてましたけど。すぐ寝入ってしまうんですよ。

三ヵ月後に退院してうちに帰って来たけど、もらいもののワインが置いてあって、それをまた一気に飲んじゃって、目が覚めたらベッドと壁の間に挟まって寝てて、それから三、四ヵ月だったか、ずっと飲みっぱなしで、いま考えるとだいぶ進行してたと思いますね。東京にいた頃も酒飲んでましたけど、飲んだら気持ち悪いとか、もう満足とか、これ以上飲めないっていう瞬間があったんです。けど、その頃ないんですよ、いっくら飲んでも。吐くんですけど、吐いても飲むんですね。吐くとお腹が楽になるからまた飲むみたいな。いくら飲んでも止まらないんです。

いろいろ離脱症状も出て、小説にあるような、虫が体を這《は》い回るような感覚って本当にあるんですね。目が覚めて、小動物が俺の首筋に噛みついていると思ったわけです。最初ネズミだと思ったんですね。パジャマ脱いでパタパタ払って、それで、はっと気づいて、病院でアルコール依存症の症状とかいろいろ教えてくれたんですけど、そういう虫っぽいやつが出る離脱症状があるって聞いてたから、これは依存症の症状だなってわかったんです。

で、また入院することになったんですけど、そのときもへんな離脱症状がいっぱい出てね。入院することになって、酒飲まないで二階で待ってたら、母親が階段を上がって来たんです。そのとき俺は、母親が俺のことを殺しに来ると思ったんですよ。一家の恥さらしだから殺しに来ると確信して、窓から逃げようと思ったんです。その瞬間戸が開いて、母が、入院するから早く仕度しろって言ったんです。

ヤバいのは、覚醒剤なんかの薬物依存の人が、離脱症状で誰かから殺されるって思って逃げる人もいるけど、逆襲する人もいるんですよね。俺の知り合いに、ナタで親殴った人がいますけど、その人も自分が殺されるから先にやらなきゃいけないと思ったらしいんです。

女子高校生を見ながらオナニーはしません！

酒をやめるきっかけはいくつかあって、周りでアル中の人で死ぬ人がメチャクチャ増えてきたんです。それと、病院で自助グループを紹介されたのがきっかけですね。アルコール依存症って否認の病気ですから、自分がアルコール依存症だって認めてなかったんですね。当時まだ二十代で、病棟《びょうとう》の中でも若いほうだったんで、自分はアルコール依存症じゃないって思ってたんだけど、さすがに三回目の入院になって、病院で酒も切れてきて冷静に振り返ると、虫追い行動とか、教科書通りに依存症者の反応が出てるなと思って、認めざるを得なかったんです。で、病院からいわゆる自助グループに通うようになって。

それと、関東甲信越の自助グループの集会があって、そういう病気の特殊な人たちが二〇〇人ほど集まったんですね。このときオープンスピーカーズっていうのがあって、自分の体験談をみんなの前で話すんですけど、その中のスーツを着た五十歳ぐらいの立派な紳士が、「酒をやめて、いまは風呂とトイレと流しの区別がちゃんとつきます」とか話すんです。で、最後に「いまの私は、自分のアパートの二階の部屋から見える女子高校生を見ながらオナニーはしません！」って叫んだんです。それがメチャ衝撃的で、ちょっとそれで目が覚めたみたいな。

――「ストップ！自殺」のイベントのとき、その体験を詩にして朗読してましたよね。笑いながら感動したんですけど。ま、こういうふうに言うと不謹慎かもしれないけど、羨ましいみたいな気持ちもあるんですよ。

そうですか？　どういう点がですか？

――そういう体験というか。本人にとっては大変なことなんだろうけども、人にない体験をしているわけですから。

でも、ガッカリした瞬間があって、それは何かと言うと、アル中の自助グループに通ってたとき、三十五歳以下のヤングミーティングっていうのがあって、その会に行ったんですよ。そしたら、みんなが体験談話すんですけど、みんな同じなんです。若年依存症の人って家庭環境に若干問題があって、女の子には摂食障害とか多いんですけど、摂食障害とアルコール依存症の合併症とか、あと対人恐怖症で不登校で引きこもりとかね、自傷行為とか自殺未遂とか、体験が同じなんです。たいてい精神科に入院してて、病院で自助グループ知って、いまは仲間と一緒にやってますみたいな。何も俺が特別じゃないっていうか、この病気の多くある症状の一つなんだなってわかってきたときに、そのプログラムがあれば、その通りやってれば回復できるなってわかって安心もしたんですけど、反面、自分が特別でいたいっていう気持ちがありますから、ちょっとガッカリしますよね。

——僕の場合は、若い頃自意識が強くて人と話せないところがあったり、世の中の人間をぶっ殺したいみたいな気持ちもあったんですけど、それが薄いというか、深刻なところまでいってないんですね。若い頃から表現みたいなことにこだわっていて、表現の世界にいくと、そういう体験があったりしたほうがいいなって思ったりするんです。

末井さんの本よく読みましたけど、特異な体験してるじゃないですか。

――ありますけど、死ぬか生きるかの体験はしてませんから。

生きる技術が見つかった

それから、退院してしばらくうちにいたんですけど結局ダメで。なかなか母との関係とかうまくいかなくて、しかも、父が戻って来たんですよ。俺、そのとき二十七ですね、初めて父母俺って三人で暮らすことになって。

で、最初三人でやってたんですけど、ダメだったんですね。マックっていう施設があって、有名なのはダルクっていう薬物依存の施設ですけど、あれのアルコール依存の施設で、新潟マックっていうのがあったんです。北原勝利《きたはらかつとし》さんっていう依存症の当事者がやってて、そこにときどき行ってたんですけど、うちにいるとまた病気が再発しそうだったんで、どうしようもなくてマックに入れてくれって頼んだんですよ。

それで北原さんと二人暮らしを半年ぐらいしたのかな。そこから働きに行って、半年間バイトしてお金が貯まったんで、アパート借りて一人暮らしを始めたんです。最初はメガネ屋さんでメガネの掃除してて、そのあとは掃除の仕事やってたんですね。一年半から二年ぐらいかな、ワックス塗ったり取ったりする仕事なんですけど、それをずっとやってて、夜になるとミーティングっていうのがあって、当時週に五回出てましたね。昼間は掃除の仕事して、夜になるとミーティングに行って、土日になると催しがあるんでそれに行って。五年ぐらいただひたすらそういうことをやってたんです。

マックに入って最初の一年間はすごい死にたかったんですよ。二十歳ぐらいから二十七まで安定剤とか抗うつ剤とか飲んでたんですけど、マックの人がそれは処方薬依存だから、処方薬を一気に切ったほうがいいんじゃないかって言って。俺、すごい嫌だったんですよ。でも、当時はその人たちの言うことを聞かないと生きていけなさそうだったから、向精神薬やめたんです。そしたら、すごい対人緊張とかの症状がドッと出てきて、バスに乗るときとかすごいつらくて、ミーティングでも「早く死にたい、早く死にたい」ばっかり言ってたんですね。で、「死にたい」っていうのを叫んでたら、その瞬間収まるんです。

それを一年ぐらいやって、一年の記念のお祝いをしてもらったんです。ちょうどその頃、マックを出て一人暮らし始めたんですけど、仕事もできるようになったり、経済的にも自立できたんで、ちょっとびっくりしたというか。そしたら、ちょっと死にたいモードが治まってきて。

あとは、ミーティングに行っていれば生きられるっていうのがわかって、そのときどきの自分の悩みをその場で言うという、生きる技術が一つ見つかったわけですね。それまでは、不安や悩みとか孤独とかいろいろあると、酒か向精神薬を飲むしかなかったわけですよ、手段が。それが夜ミーティングに出て、仲間の前で自分の現実の問題を話せば、それが少し治まるっていうのを覚えたわけですよね。

それでまあ、五年間ぐらいそうやってたんですね。いろいろ苦しかったですけど、死にたいモードはだんだん下がってきたんです。それまで自殺未遂屋みたいだったのが、二十七歳で病院を退院してからは、死にたいと思ったことは何回もあるんですけど、自殺行動に出たことは一回もないんですね。

退院してから、今年で二十年になるんですけど、二十年間はほぼそれなんです。いまは週一回ぐらいしかミーティングに出ないですけどね。いま必要な感じはそれぐらいなんでしょうね。いまも会社員なんで、社会不適格だから様々な問題起こすんで、どっかで喋らないと持たないですね。

病気を利用すれば表現者として舞台に上がれる

――イベントを始めるきっかけっていうのは？

それは「窓の外は青」という小説を書いて、新潟市のローカルの小っちゃい文学賞に応募したんですよ。そしたら奨励賞という賞をいただいたんです。嬉しかったですね。それを地元の新潟日報事業社っていう出版社に持っていったら、大変ありがたいことに、一五〇〇部だから自費出版レベルですけど、出版してくれたんです。

――『窓の外は青』は、入院していた頃の実体験ですか。

イベントで朗読する詩はすべて実体験なんですが、『窓の外は青』はフィクションなんです。俺が三回入院したのをコンパクトにまとめて小説っぽくした感じですね。登場人物に亡くなる人とか出てきますけど、俺の知ってる依存症者の集合体で、実際に出会った眉毛剃《まゆげそ》って油性のフェルトペンで眉毛描く人とか、ずっと生活保護を受けているアルコールとシンナー中毒の人とか、そういう人たちを組み合わせて登場人物を作ったんです。

ずっとダメだったのが、人が亡くなることで生きようって思うようになることは、俺だけの特異体験じゃなくて、お酒を飲み続けていれば死ぬんだなってわかるのは、酒をやめてる依存症者に対する最大のメッセージではないかと。

それで、本の宣伝で地元のローカル局とか出してもらったんです。新潟のお笑い集団NAMARAっていう、地方のお笑いプロダクションがあるんですよ。江口歩《えぐちあゆむ》さんって人がその社長なんですけど、彼がそのとき出たFM局のパーソナリティーだったんですね。フリーアナウンサーの松井弘恵《まついひろえ》さんっていう人と、二人でやってたんです。そのFM局に出たとき、「月乃さん何かやりたいことがあるんですか？」って聞かれて、「友達と病気イベントやりたい」ってなんとなく言ったんですね。

俺、当時キリスト教徒になったんですよ。俺が入ってる自助グループがキリスト教系で、その自助グループに入るとキリスト教徒になる人が多いんですけど、教会の友達にノイローゼの男がいて、ギターがうまい木林《きばやし》くんっていう人なんですけど、彼と「病気イベントみたいなのがあるといいね」って話してたんですよ。ただ話しているだけで一向に実現しなかったんですけど。

ラジオで話したら、江口さんが、それは絶対面白いからやったほうがいい、手伝うからって言ってくれて。それから三ヵ月後ぐらいに「こわれ者の祭典〜病気だヨ！全員集合！」っていうイベントをやったんです。司会も江口さんと松井さんがやってくれて。

——前から「こわれ者の祭典」って知ってたんですけど、ちょっと怖くて行けないような。

怖いですよね（笑）。

——月乃さんのイベント観たのは、この前の「ストップ！自殺」が初めてだったんですけど、もうちょっと早めに行っておけば良かったって思ったんです。

一回だけのつもりだったんですよ。ところが、人前でなんか喋ってるとアドレナリンが出て楽しくなってきて、俺はこれが結構好きなんだなっていうのに気づいたんです。

それに、すごい盛況だったんですよ、一七〇人ぐらい来たんですね。俺、こんな「こわれ者の祭典」なんて絶対人来ないって思ったんですけどね。それが、こういう需要があるんだってそのとき初めて気づきました。やっぱり、結構生きづらい人とか、死にたい人とか、病気持ちが多いんですね。で、アンケートとか見ても、笑って感動したとか、泣きましたっていうのがいっぱいあって。

俺、第一回「こわれ者の祭典」のときに、オナニーの話を初めてしたんです。「女子高校生を見てオナニーはしません」っていう話を聞いて、自分がちょっとスッキリしたみたいな話。「ストップ!自殺」のときにした話ですけど。そしたら、すごい受けて、みんな笑ってくれて。

――オナニーの話であんなに感動したのは初めてですよ(笑)。

そうですか。それでビックリしたんですよ。たぶんドン引きになるだろうなと思ってたんです。でも俺の出来事だから話そうと思ってやったらすごく受けて、おかしいなと思ったんですけど、これはいいやって思って、仲間の協力もあって、やればやるほど出たいって人がいっぱい来るようになって、俺もやってて面白いしっていうんで、十年間ダラダラやってんですけどね。

——月乃さんのサイトでこれまでのイベントの動画を見ましたけど、みんなすごい表現者ですよね。

俺が二十歳ぐらいのときバンドブームがあって、もともとパンクとか好きなんで、本当は自分だってやりたかったわけですよ。でもバンド組もうにも友達いないんですから、バンドなんかできませんから。

大槻ケンヂさんがすごい好きで、大槻ケンヂさんの筋肉少女帯《きんにくしょうじょたい》の影響もあると思うんですけど、自分もやりたいけど才能がないからできなかった恨みみたいなのもあって。ロックっぽい音楽に合わせて叫んだりするんですけど、やってることは、特に俺は模倣っていうか。

ま、大槻ケンヂさんの模倣とか、遠藤ミチロウさんの模倣とか、田口トモロヲさんの模倣みたいな人がいっぱいいるわけですけど、それだけだと埋もれてしまうのが、病気と合わせて病気イベントにすると特異性があるから成り立つんですね。

メンバーに共通の傾向があって、サブカルチャーとかそういうのが好きで、それに若い頃乗れなかった恨みみたいなのを持ってる人が多いんです。でも、病気を利用すれば、自分が表現者として舞台に上がれるみたいなのがあると思うんですね。

脳性マヒブラザーズっていうのが我々の中で一番売れてるんですけど、彼らの目標は脳性マヒを取っ払ったお笑いで勝負したいらしいんですよね。だけど、お笑いの純粋なレベルで言うと、昔よりはうまくなってきたけど、お笑いの裾野《すその》は広いから、たぶん埋もれてしまうと思うんです。それが脳性マヒを利用して福祉的なところを切り口にすると、人様に見てもらえる機会が増えるみたいな。

それと、自殺予防イベントをよくやっているのは、自分が生き延びてきて良かったなと思って、それを伝えたいっていうのが根本にあるんですけど、もう一つは、バカっぽいのが好きなわけですよ。ホラー映画とかで、ホラーなんだけど実は半分はバカっぽいのをやるっていうのがありますよね。そういう、半分はマジなんだけど、半分は自分たちが好きなバカっぽい世界をやりたいんです。「これわれ者の祭典〜病気だヨ!全員集合!」というタイトルに、それが表れていると思いますけど。

——ドッグレッグスに殴り込んだっていう話を書いてましたよね。僕もドッグレッグスは、知り合いのレスラーがいて、最近ちょっと観てないんだけど、前はよく観てたんですね。障害者だから、リングの上であんまり動かないんですけど、動かなくても感動しちゃうんです。そういうところもあるのかなと思うんです。こっちが障害者だからっていう目で観てなくても、障害者だからこそ感動を与えられるっていうところもあるんですね。

俺、ドッグレッグスの集まりに行ったんですけど、北島さん（北島行徳《きたじまゆきのり》。ドッグレッグスの主催者）はあんまり歓迎してなかったみたいでしたね。俺は北島さんの本は大好きで、ホームページ見たら北島さんの電話番号書いていたから何回も電話して、こういう者だからぜひ会いたいとか言って、結構無理矢理押し掛けたんです。だんだん学習して自重するようになったんですけど、好きな人に猛攻撃掛けるクセがあるんです。

大槻ケンヂさんもすごい俺のことを怪しんでいたんですね。俺ね、ファンレターをメッチャクチャ大槻ケンヂさんに書いたんですよ。もちろんファンレター出しても返事来ないから、読んでもらってる確信もないから、ものすごい過剰にいっぱい出したんです。大槻ケンヂさんはファンレター全部見るらしいんですけど、初めは次から次へといろんなものが送られて来るから、この人はヤバいんじゃないかって思ったらしくて。

最初にお会いしたのが、雨宮処凛《あまみやかりん》さんのイベントに出たときで、大槻ケンヂさんがゲストで、俺がいて、処凛さんが大槻ケンヂさんに「月乃光司さんです」って紹介したら、ものすごいビクビクって眉間にシワが入って、すごい怪しんでるんですよ。それはトークでスッキリしたんですけど、正直ちょっと月乃光司さんかなりヤバいってて思ってたって。なんかあれでもかこれでもかっていろんなもの送ってくるでしょうって。そのわからなさ加減がやっぱり引きこもりなんだなって。わからないんですよ、加減が。

生きるのが苦手な人が少しでも楽になる瞬間が作れれば

――キリスト教徒になったきっかけは?

俺が人間関係全然ダメで、特に同世代の人がすごい苦手なんですけど、自助グループのメンバーがそういう俺を見て、教会に行くことを勧めてくれたんです。信仰のためっていうんじゃなくて、青年会っていうのがあって、そこで人づき合いの練習をしたほうがいいということで勧めてくれたんですけど、何年か通ってて、その青年会でものすごい好きな女の子ができて、その子が洗礼受けるって言ったから、じゃあ俺も受けるって、これマジな話なんです（笑）。結局フラれたんですけどね。

教会にアルコール依存症の人がいて、俺、そのお父さんからも相談されて、マックを紹介して、その人マックに入ったりしたんですけど、大変残念ながら自殺しましたね。マックに入ったけど、また飲酒して教会に戻って来て、彼は信仰でお酒をやめようと思ったらしいんですけど、信仰でお酒はやめられないんですよ。アルコール依存症って病気なんで、専門のプログラムじゃないと治らないんですよね。

——クリスチャンになって自分が変わったことはありますか。

そうですね。教会がやってる自助グループは、最終的には自分の意志ではなくて、自分の意志を超えたものに任せてみようみたいなのがあるんですけど、なるべく信仰したいけど、俺は生臭《なまぐさ》クリスチャンなんで。でも、自分の意志ではない何かがあって、それに委《ゆだ》ねておけばなんとかなるだろうみたいなことは思いますね。俺の二十七年間っていうのは生きられない歴史だったわけですけど、その経験を通して、自分の考えじゃないものに委ねていれば生きられるんじゃないかと思うんです。自分の人生が、何かよくわからないけど、そこには何かの意思が働いたと思いたいですけどね。

たまに白けたりすることもあるんです。障害者イベントとか「こわれ者の祭典」とか、新潟でやるときはお客さんもそんなに多くないし、海に石を投げるごとく、何やってんのかなと思うこともあるんです。けど、この間もイベントが終わって帰ろうと思ったら、精神科にちょっと前まで入院してたっていう女の子がいて、お母さんと二人で来ていて「良かった、良かった」って言ってくれて、そういう人が一〇〇〇人に一人でもいればやってて良かったと思うんです。そういう役割がもし俺に与えられているのなら、みなさんを感動させることって難しいけど、その中の一人でも何かがちょっと変わる、その瞬間を自分が作れるんだったら、それを地道にやるのは悪くないかなと思ってるんですけど。

——月乃さんの、あの出演者を見る慈しみの眼差しは大事っていうか、あの目線がある限り、そういう役割があるんじゃないかと思いますけど。

俺、中年紳士が「私は女子高校生を見ながらもうオナニーはしません」って、その一言で人生ってだいぶ変わったんですね。あの人があのときどう思って喋《しゃべ》ってたのかわからないけど、あの瞬間って何かが働いていたと思いたいですけどね。「女子高校生を見てオナニーしません」って言ったって、それがどうだって言われればそうですけど、そういうくだらないことでもその瞬間に俺の人生ってちょっと変わったんで、俺がしたいのは突き詰めていくとそこなんです。すごい生きるのが苦手だった人がちょびっと楽になったりする瞬間があって、そこに目に見えないつながりをつくることができたら、そこに信仰の力を感じるんです。それぐらいですね。

過剰に生きたいっていう自分がいる

――世間みたいなことに対してどういうふうに思います？　さっきの、女子高生見てオナニーしないっていう人の叫びのようなものを聞いても、世間って曖昧《あいまい》な言い方だと思いますけど、世間の人たちは「何言ってるんだろう」みたいなことですよね。

自助グループはすごく閉ざされた世界なんですよ。自助グループの地道な活動があって、依存症者にとって生きる力を与えられて素晴らしいんですけど、イベントやり出していつも考えてるのは、やはり対世間っていうことなんですね。それをうまくできてないと思うんだけど、ありのままに生きるとか、ダメな生き方でもいいっていうのを世の中に対してアピールしたいっていうのがすごくありますね。

世間の一〇〇人にオナニーがどうしたって言っても届かないけど、一〇〇〇人いると病気じゃない普通の社会人でも一人ぐらいには届くところがあるかもしれないって思ってて、そこがこれからやりたいことなんですよ。それをやらないなら、俺は施設の中で一生懸命やっていればいい話なんですね。

――高校で話されてるんですね。

ああいう場は難しいですよね。先生には不評ですよ。でも、俺、ツイッターで俺のこと誰かが悪口言ってないか検索してチェックしてるんですけど（笑）、このあいだ新潟の高校に行って講演して帰って来たら、「ガツンとくる講演だったぜ」とか書いてて。

――子供は感受性あるから。

自殺未遂とかさんざん繰り返したけど、過剰に生きたいっていう自分がいるってことに気づいてますね。より良く生きたいっていうか。対人緊張があるのもなんでかと言うと、だいたい欲望の裏返しなんで、すごく人に良く思われたいんですよ、過剰なくらいに。女性恐怖症なんですけど、この年になってだいぶわかってきましたけど、ものすごい女好きなわけですよ。だから、死にたい死にたいって騒いでいたのも、良く生きたいんだなあっていうふうに思うんです。

俺の欲望は、自分の好きな人に会いたいし、自分の好きな人に好かれたいし、女の人にも好かれたいし、目立ちたいし、自己チューなんでお祭りの中心に自分がいたいみたいな。私だけでなく誰でもそうだと思いますけど、そういうことができない自分に絶望してたんで、イベントやってることもそうだと思うんですけど、なおかつ俺だけ満足してるんじゃなくて、「オナニーをしません」って言ってくれた彼の言葉がすごく俺に響いたみたいに、やってる俺たちも充実感があって、見てくださってる方にも生きるヒントが届くようなものができれば、俺の人生の着地点としてはいいかなみたいな。

うまくいかないことも多いんですけどね。死ねなかったんで、へたれなんで、勇気ある人だったら自殺未遂を何回もやってるからとっくに死んでたと思うんです。こんな俺でも五十近くになってようやく着地点があったわけだから、どんな人にもある気がするんですけどね。それを考えると死なないほうがいいなと思ってるんです。

聖書との出会い

宗教とは無縁、いや宗教自体を否定していた僕が、聖書に惹《ひ》かれるようになったのは、イエスの方舟《はこぶね》の責任者、千石剛賢《せんごくたけよし》さんをインタビューした本『父とは誰か、母とは誰か』（春秋社、一九八六年）を読んだのがきっかけです。

イエスの方舟というと、一九七九年頃からマスコミが騒ぎ出した「イエスの方舟事件」を思い出す人も多いと思います。

この事件は、イエスの方舟の集会に行った娘さんたちが家に帰らなくなり、親たちが千石イエス（このインチキくさい名前はマスコミがつけたものです）に娘をさらわれたと騒ぎ出し、警察に訴えたことから大騒ぎになりました。

イエスの方舟は宗教団体ではなく聖書研究会です。しかし、国分寺《こくぶんじ》の空き地に建てたトタン板で囲ったプレハブでみんなが共同生活をし、刃物研ぎや、お茶や海苔《のり》を売って家々を廻ったりしていたので、世間からは怪しい宗教団体のように見られていたと思います。そして、家々を廻りながら、言葉巧《たく》みに集会へ誘い、娘をさらって行ったと親たちは思い込んでいました。

親たちから捜査願いが出された女性は七人で（他に男性一人）、全員二十歳前後の娘さんたちでした。娘が監禁されていると思った親たちは、連日イエスの方舟に押し掛けることになります。

この騒ぎが大きくなったとき、イエスの方舟は忽然《こつぜん》と姿を隠します。マスコミは、「狂信的な邪教集団」「千石イエスのハーレム」「集団催眠で洗脳」「現代の神隠し」などと書き立て、国会でも問題になりました。

そして失踪してから二年後、イエスの方舟は『サンデー毎日』のスクープで姿を現します。『サンデー毎日』に、捜査願いが出されている娘さんたちの告白記事が写真入りで載り、みんな親との間に悩みを抱えていたこと、イエスの方舟がいかに居心地が良かったか、千石さんがいかに親身になって相談に乗っていたか、というようなことが世間に知られるようになりました。未成年の女の子たちは、千石さんが家に帰るようさとしたのに帰らなかったそうで、中には自殺まで考えた人もいたようです。子供が深刻に悩んでいることを、親は何も知らなかったのです。

僕はこの「イエスの方舟事件」のことがなぜか強く心に残っていて、その事件の経緯を知ろうと思って『父とは誰か、母とは誰か』を読み始めたのですが、事件のことよりも千石さんの聖書の話のほうに惹かれてしまったのでした。

読んでいて一番驚いたのが、イエスにはなぜ性欲の悩みがなかったのかというところでした。おそらくどこの教会に行っても、イエスの性欲のことなど問題にしません。問題になったとしても、主イエスは神であり神に性欲の悩みなどあるはずはない、ということで片づけられるはずです。しかし、それだと聖書は神話になってしまいます。聖書が神話なら、我々の生活とは関係のないただのファンタジーです。

千石さんは、もしイエスに性欲があって女性問題があったとしたら、聖書にそのことが書かれているはずで、都合が悪くて隠しているのなら、聖書は嘘ということになると言います。あくまでも真実が書かれているという前提で聖書を見ているのです。しかし、聖書のどこにもそのことは書かれていない。ではなぜイエスに性欲の悩みがなかったのか。それはイエスに原罪がなかったからだと。

原罪とは、人間誰しも持っている自我のことで、原罪がないと他人という意識がなくなります。千石さんは、この本の中で「イエスには、要するに、性欲の悩みというのはなかった。健康な男子なのに、なかった。その理由は〈原罪〉がなかったから。そのことは、女という、また男という、性別は認識しても、セックスの対象、つまり性欲の対象としては認識されなかったということです。この喩《たと》えを強《し》いて現実の場に求めるとすれば、たしかに、親は自分の息子と娘は認識します。ところが娘に対して性欲の対象としては認識しません。正常な精神状態であればね。今は、近親相姦とかそんな無茶苦茶なことが言われてるから、これはもう話になりませんけども。もちろん、親のその感覚が、そのまま〈原罪〉のないイエスということに当てはまるかというと、それは当てはまりません。けれども、喩えとしてなら言えるということです」と言っています。イエスに原罪がなかったなら「わたしはあなたがたに言う。だれでも、情欲をいだいて女を見る者は、心の中ですでに姦淫《かんいん》をしたのである」（マタイ5－28）と確かに言えます。

それまで、聖書は神話だと思って読む気もしなかったのですが、このイエスの性欲の話が糸口になって、聖書の真意はなんなのか興味がわいてきたのでした。

聖書に書かれていることは比喩だらけです。千石さんの言葉を借りれば「暗号」みたいなものです。そのため聖書の真意がわかりづらくなっているのですが、糸口が見つかればだんだん謎が解けていきます。謎が解けていくと聖書が面白くなってきます。

そして、聖書には人が本当の喜びを得るための法則が書かれていると思うようになりました。

僕は人見知りが強くて（最近はそうでもなくなりましたが）、読んだ本の著者に会いたいと思ったことなど一度もなかったのですが、『父とは誰か、母とは誰か』を読んで、千石さんに無性に会いたくなりました。しかし、会いに行く勇気がないまま、一年が過ぎていました。

前にも書きましたが、その頃『写真時代』を編集しながら『MABO』という女の子向けオカルト雑誌を編集していて、的《まと》を外したというか、これがまったく売れなくて、会社からお荷物扱いされていました。さらに、付き合っていた女性が自殺未遂して、そういうことがきっかけで気持ちが沈んでいるときでした。千石さんにどうしても会いたいと思うようになったのは、千石さんに救いを求めるような気持ちだったかもしれません。

しかし、いきなり押し掛けることもできなかったので、『MABO』で千石さんをインタビューさせて欲しいとイエスの方舟に電話したら、許可が出たのです。

イエスの方舟は博多にありました。『MABO』で原稿を書いてくれていた女性二人と一緒に福岡に行き、中洲川端《なかすかわばた》の駅から電話すると、黒いスーツの女性が迎えに来てくれました。その人のあとをくっついて、中洲でイエスの方舟の人たちが運営しているシオンの娘というクラブに行きました。この店の二階は、夜はカラオケルームとして使っているのですが、昼間はイエスの方舟の事務所になっていました。

しばらくして、黒い詰め襟《えり》の服を着た千石さんがニコニコしながら入ってきて、「これはこれは遠いところから」と僕らをねぎらってくれて、きさくにインタビューに応じてくれました。

最初に聞いたのは、一番頭に残っていたイエスと性欲のことです。千石さんは、原罪の話は僕らには難しいと思ったのか、イエスに性欲がなかったことを、別の角度から話してくれました。

何かに熱中している場合は性欲は起きない、たとえば野球がクライマックスになっているとき、満塁でこの一球が勝負みたいなときに、キャッチャーがきれいな女の人で股広げていたとしても、そのときピッチャーに性欲は起きないと。まあ、確かにそうです。精神状態があるところまで高揚《こうよう》したら性欲は起きない、つまり、あのイエスは四六時中おそろしい精神の高揚状態にあった、と千石さんは言うのです。その話を聞いて、十字架に掛かっているあの弱々しいイエスのイメージが崩れたのでした。

僕はこの頃、結婚している身でありながら複数の女性と付き合っていて、その罪悪感で悩んでいました。インタビューのあと、千石さんに「男は同時に何人もの女を愛せるんですか?」と聞くと、「それは、三十人が限界でっしゃろ」と言いました。聖書では姦淫は罪ですから、たぶん「あきまへんで」と言われると思っていたので、「三十人が限界でっしゃろ」とは意外でした。しかし、そう言われたことで(笑ってしまいましたが)気持ちがずいぶん楽になりました。千石さんは、僕の気持ちを楽にするためにそう言ってくれたように思います。

イエスの方舟は三十人ほどの人たちが共同生活していて、大きな家族のようでした。千石さんはみんなから「おっちゃん」と呼ばれ、一人一人と分け隔てなく真剣に付き合っていました。何か悩みがあると、その人と徹底的に話し合い、ときには夜が明けることもあったと思います。その大変さを考えると、「三十人が限界」ということは、千石さん自身のことでもあったのかもしれません。

イエスの方舟の人たちは、女性はシオンの娘を運営し、男性は大工の仕事をし、千石さんは集会と人生相談をしていました。その人生相談も、子供が金属バットを振り回しているときに親から電話が掛かってきてオートバイで緊急出動するという、かなり危険をともなう人生相談でしたが、千石さんが行くと子供の暴力がピタッと止まると言うのです。

どうして子供の暴力が止まるのか理由は聞かなかったのですが、インタビューで千石さんが話していたことにヒントがあるように思います。

「子供は怖いですよ。十二、三歳くらいの子供が一番怖い。ちょっとでもこちらに虚偽性があると、霊的に感じるんです。すると、背後ゆうたら変な話ですけど、背後の霊の動きが違ってくるんです。反応が違ってきます」


この千石さんとの出会いがあったあと、博多で行われるイエスの方舟の日曜集会にときどき参加させてもらうようになりました。

集会は営業前のシオンの娘で行われていました。「今日は東京からお客さんが見えられています。なんや飛行機で来たゆうてはるけど、飛行機いつ落ちるかわかりまへんで」というような話から（千石さんは心筋梗塞《こうそく》の持病があり、飛行機は苦手でした）、聖書の話に入っていきます。ときどきニトログリセリンを飲みながら、「青酸カリありまっしゃろ。あれはくそうて飲めまへんで」と、ドキッとするようなことを言います。

『父とは誰か、母とは誰か』によると、千石さんは自殺を考えたことがあるそうです。

千石さんは兵庫県の加西《かさい》市の生まれで、十代の頃は京都や大阪で丁稚《でっち》奉公をしていたそうですが、その頃生駒《いこま》山で二十一日間の断食修行をして死にかけています。二十歳を過ぎて地元で刃物工場を経営して失敗、離婚もして、単身神戸に出て来るのですが、偶然教会の前を通りかかったのがきっかけで、教会に通うようになります。しかし、聖書を学んでも何も変わらない、聖書に権威なんかない、生きていても悪いことばかり続く気がする、ということで、一緒に聖書を学んでいた友達と、死んでしまおうと話し合ったことがあるそうです。

しかし、自殺する勇気がないから、人から殺してもらおうということになり、鯨《くじら》を料理する大きな包丁をお互い二本ずつ体に縛りつけて、梅田の人が大勢いるところを二人で肩を組んで走り回ろうと。通行人が怪我するし死者も出るから、曾根崎《そねざき》警察の警官が飛んで来て射殺してくれるだろうと。まるで秋葉原通り魔事件のようなことを真剣に考えていたそうです。ひょっとして、青酸カリも自殺で使おうと思ったことがあるのかもしれません。

集会に参加するときは、前日に博多へ行き、シオンの娘に行くのが楽しみになっていました。ここは不思議なところで、水商売はどんなに上品な店でもどことなく殺気があるものですが、そういう気配がまったくありませんでした。

接客はイエスの方舟の女性たちがしているのですが、まるで舞台衣装のような、裾《すそ》がふわっと広がった薄いピンクのドレス（たぶん手づくり）を着てニコニコ微笑んでいました。髪はみんな長い黒髪で、真っ白な着物を着ている女性もいました（ちょっと幽霊みたいです）。

そこがこの世のことではないような、夢を見ているような感じがしたのでした。

この店にはステージがあり、剣舞、歌、フラメンコ、ピアノ演奏などのショーがあります。ピアノ演奏はクラシック音楽で、それも不釣り合いな感じがしました。出演者は天井に空いた穴からゴンドラで降りてくるのですが、それがなんだか天国から舞い降りてくるように見えました。

そのステージを取り囲むように大きな馬蹄型《ばていがた》のカウンターがあり、女性たちは内側に座り、お客さんは外側に座るしきたりでした。お酒を飲んでショーを観て彼女たちと会話をするだけなのですが、そこにいると緊張感やストレスがスーッと抜けていきます。

「お客さんと聖書の話はするんですか?」と聞くと、「聞かれれば話します」と言っていました。「ヤクザは来ませんか?」と聞いたら、「ときどき見えられますけど、すぐ帰られます」と言うので、心が癒《い》やされたらヤクザは困るんだろうなと思いました。

シオンの娘にはいろんな人と行きましたが、安らげると言う人もいれば、あまりにも雰囲気が現実離れしているので戸惑う人もいました。

おかしかったのは、博多に甲斐《かい》バンドのコンサートを観に行ったとき、甲斐よしひろさんと行ったことがあるのですが、ずっと気持ち悪がっていて、シオンの娘のあと寄った屋台で、塩をもらって体に振り掛けていました。お葬式じゃあるまいし。

集会での千石さんの話は、教会のかしこまった説教とは違い、人間味があって話も面白いのですが、脱線しながらも最後はきっちり聖書のことに戻って終わります。僕はそれをいつか本にしたいと思っていて、のちに『隠されていた聖書　なるまえにあったもの』(太田出版、一九九二年)を出すことができたのですが、その本を出したことで「聖書はもうわかった」という気になって、集会にも行かなくなりました。わかったといっても、聖書に書かれていることを実践していたわけではなく、やっていたのはギャンブルやら何やら聖書に反することばかりでした。

集会にまた参加するようになったのは、美子《よしこ》ちゃんと暮らすようになってからです。美子ちゃんはプロテスタントの高校に通っていたので、聖書への関心はその頃からあったようです。それだけではなく、僕との生活がうまくいかなくて、聖書に救いを求めるようになっていたのかもしれません。それは僕も同じ気持ちでした。

久し振りに日曜集会に行くと、参加者が多くなったのか、シオンの娘ではなく公共の施設を借りて集会は行われていました。古賀《こが》というところに、イエスの方舟の小さな教会もできていて、クリスマス集会だけはそこで行っていました。

二〇〇〇年のクリスマス集会のときです。せっかく九州に行くんだから長崎に行きたいと美子ちゃんが言うので、前日に長崎を観光してから集会に参加することにしたのですが、これが最悪の旅行でした。

朝早く家を出て、十時過ぎに長崎に着き、宿に荷物を預け、べっ甲資料館を見たあと大浦天主堂まで歩きました。道の両脇にはカステラやオルゴールなどを並べた土産《みやげ》物屋が建ち並び、まるで原宿の竹下通りみたいな雰囲気で情緒も何もありません。しかも寒くて、風も強くて鼻水が出てきます。美子ちゃんはだんだん不機嫌になり、僕は早く宿に帰りたくなっていました。

大浦天主堂から異人館に向かって歩いていたとき、「もう観光は嫌だ！」と美子ちゃんが突然言い出しました。「なんで？」と聞くと、「目的のない観光は嫌だ！　馬鹿みたいだから」と言います。その「馬鹿みたい」という言葉は、ゾロゾロ歩いている観光客にではなく、僕に向かって言っているような気がして、僕もイライラしてきました。

「長崎に行こうと言ったのは美子ちゃんじゃない？」と言うと、「そうだよ。自分ではなんにもしないいんじゃない。旅行だって、全部私が手配してるんだから。自分はいつも金魚のウンコみたいに、人のあとをくっついて来てるだけじゃない」と言います。「金魚のウンコ」と言われてムカッときました。それは旅行のことだけでなく、二人の生活のことも意味しているように思って、自分が全否定されているような気持ちになり、それからはお互い一言も話さなくなりました。

その頃は、美子ちゃんが落ち込んでいるときでした。おそらく、坪内《つぼうち》さんとの情を切ることができず、僕のことも信頼できない、宙ぶらりんの状態だったのではないかと思います。僕は僕で、美子ちゃんとどう付き合って行けばいいのかわからず、喧嘩になるといつも「ああ、面倒くさい」と思って、別れてしまったほうが楽かなと思ったりしていました。そういう時期だったので、「金魚のウンコ」という言葉でカッとなってしまい、美子ちゃんを憎む気持ちが生まれました。聖書的に言えば、悪魔が取り憑《つ》いた状態でした。

宿で気まずい一夜を過ごし、翌日長崎から古賀の教会に向かったのですが、混んでもいないのに電車は別々の席でした。前日から頭がフリーズしたようになっていて、本を読もうと思っても目が活字を追っているだけで、何も頭に入ってきません。窓の外をボーッと眺めながら、美子ちゃんとはもうダメだろうなと思っていました。

クリスマス集会は、普段の集会には来ない人たちも全国から集まり、イエスの方舟では一番にぎやかな集会です。

古賀の教会に行くと、イエスの方舟のみなさんが準備で忙しそうに動き回っていて、僕らが行くと笑顔で迎えてくれました。美子ちゃんは千石さんに相談したいことがあるようで、紙に何か書いていました。

壇上に千石さんが座り集会が始まりました。すると、千石さんはいきなり「この中に悩みを持たれている方がいます。その悩みをそのままにしておくと、集会そのものがなりたたなくなります」と言いました。「悩みを持たれている方」が美子ちゃんだとすぐわかりましたが、個々の相談は集会が終わったあとでするものだと思っていたので、「おや？」と思いました。

千石さんは「質問者の名前は伏せますが」と言って、美子ちゃんの質問を読みました。「〝汝《なんじ》、姦淫するなかれ〟という聖句を犯した自分は幸せになれないのでしょうか」という質問でした。千石さんは「相手の幸せをたえず祈ることです」と言いました。

「その悩みをそのままにしておくと、集会そのものがなりたたなくなります」という言葉の意味が最初わからなかったのですが、それは千石さんが、美子ちゃんの悩みを自分のこととして受け止めていることだと気づきました。悩んでいる人がいれば、最優先でそのことを考える（いや、考えざるを得ない）ことは、イエスの方舟のあり方だったのではないかと思います。

千石さんの話を聞いていると、なぜか涙がボロボロ出てきました。そして、あんなに美子ちゃんのことを憎く思っていたのに、それがスーッと消えて、清々しい気持ちになっていました。

「愛」という言葉は世の中に氾濫《はんらん》していますが、愛とはなんなのかということは、実は僕もよくわかっていませんでした。「俺がこれだけおまえを愛しているんだから、おまえも俺のことを愛してくれよ」というのは、愛の商取り引きのようなものです。見返りを求めない、無償の愛というものが本当の愛だと思うのですが、多少のことはできても、「金魚のウンコ」と言われたぐらいで、相手を憎む気持ちに変わったりします。ましてや、相手のために命を投げ出すことなど絶対にできません。しかし聖書には、「人がその友のために自分の命を捨てること、これよりも大きな愛はない」（ヨハネ15－13）と書かれています。

これを千石さんに解説してもらうと、「友」というのは、単に友達ということではなく、相手の中に自分自身が見え始めている他者のことだ、と言います。自分と他人を（区別ではなく）差別していると、愛というものは生まれない。自分が自分のままで相手を愛そうとしても、すべて偽善になってしまう。だから、他者の中に表れた希薄《きはく》な自分をもっとはっきりさせるために、生まれつきの自分を二義にしていく、つまり自分を捨てて、他者のことを真剣に考える。そうすることによって、生まれつきの自分は死んで、罪からも解放される、と言うのです。

僕は美子ちゃんを愛していると思っていたのですが、「金魚のウンコ」と言われて、自分のプライドが傷ついてカチンとくるようでは、本当に愛しているとは言えません。僕を愛してくれる美子ちゃんを愛していただけだと思います。それは単なるエゴイズムです。聖書にある「自分を愛するようにあなたの隣り人を愛せよ」（マタイ22－39）というイエスの言葉は、相手を自分と同じように思うことです。

たとえば、大嫌いな人がいたとします。絶対付き合いたくない、自分とは別の人種だと思っていても、実は自分の中の嫌なところをその人に投影しているだけかもしれません。「相手の中に自分自身を見る」ということは、誰もが気づかないうちにしていることではないかと思います。

僕は一時期、「あんなバカと付き合えるか」と思ったりしていたのですが、そういう傲慢な自意識のせいで孤立して、人はみな孤独なんだと思っていました。しかし、自分もバカだと思うようになってからは、好きになる人がたくさんできて楽しくなりました。

人はそんなに大差はないのに、自分だけは特別だと思うことが、生きづらさを招きます。そう思うことが正しいことだと思い込まされているので、自分の力を信じて、頑張って頑張って頑張り抜いてヘトヘトになっている人も多いと思います。そういう人は孤独です。本当に愛せる人がいないと干《ひ》からびてしまいます。

相手の中に自分自身を見ることができれば、その人を本当に愛せることができます。そして、孤独ではなくなり、ウキウキした気持ちになり、周りにもいい影響を与えます。

愛する人がいればそれで充分です。そのことに真剣になれば、あとのことはいい加減でもいいのではないかと思っています。

千石さんは二〇〇一年の十二月にこの世を去りました。

千石さんが亡くなって、新潮社の中瀬《なかせ》ゆかりさんから、千石さんのことを『新潮45』という雑誌で書いて欲しいという依頼があったので、「千石のおっちゃんはイエス・キリストだった」という原稿を書きました。それを読んだ千葉の病院に入院しているガン患者の人が、『隠されていた聖書　なるまえにあったもの』も読みたいと、イエスの方舟に連絡があったそうです。それで、本を送ったりしたそうですが、しばらく経ってその人からイエスの方舟に手紙が来たそうです。

その手紙によると、ある夜、千石さんとおぼしき人が病室に現れ、ガンになっているところを「良くなる、良くなる」と言ってさすってくれたそうです。それでガンが治ったということでした。夢でもみたんじゃないかというような話ですが、僕は「まさか」と思う反面、そういうこともあるかもしれないとも思いました。それは、僕には千石さんが亡くなったという気がいまもってしないからです。

緩慢な自殺

永沢光雄《ながさわみつお》さんに最初に会ったのは八〇年代の前半だったと思います。アングラ劇団「発見の会」主催者の故・瓜生良介《うりゅうりょうすけ》さんから「大阪で演劇をやっていた男がいてね。今度上京したんでおたくの会社で使ってもらえないかなあ」という電話があり、数日後、面接に来たのが永沢さんでした。二十代のわりには老けた感じだったし、演劇をやっていたというわりには下を向いてボソボソ話すし、第一印象は「地味な人」でした。

その頃、自分が作っている雑誌が「面白い」と評価されていたし売れてもいたので、得意になっていた時期でした。永沢さんに対してもそういう驕《おご》りがあったかもしれません。ちょっとからかうつもりで「うちはエロ本だけど、スケベ?」と聞いたら、「はあ、一応男ですから……」と、なんとも面白くない返事が返ってきました。ボソボソ話すし、面白くないし、「この人、編集者に向いてないんじゃないか」と思ったりしました。

しかし、瓜生さんからの紹介ということもあって、同じ白夜書房のエロ小説雑誌の編集部を紹介し、永沢さんはそこで働くことになりました。僕はもともとエロ小説に興味がなかったので、そのエロ小説雑誌も読んだことがありません。だから永沢さんがどういう仕事をしていたのかよく知らなかったのですが、みんなとよく酒を飲んでいるという噂は耳に入ってきました。他の編集部にも酒が好きな人がいて、永沢さんを中心に酒飲み仲間が集まって毎晩宴会をしているようでした。

僕は生真面目《きまじめ》というか、酒ばっかり飲んでいる人に対して批判的でした。徹夜をしないといけないほど忙しい毎日だったので、「あいつら酒ばっかり飲みやがって！」みたいな気持ちもあったと思います。

僕が最初に酒を飲んだのは二十二歳ぐらいのときで、それまでまったく飲めませんでした（飲めないわりには、キャバレーやピンクサロンといった酒に縁のあるところで働いていたのですが）。フリーでエロ雑誌の仕事をするようになって、担当の編集者に飲みに連れて行かれ、飲めないと言っているのに「ビールぐらいならいいでしょ？」とか言われ、つがれるままビール一本飲んで、頭がクラクラして意識を失いそうになり、帰りの電車で立っていることもできなくなり、次の駅で降りて休んで、次の電車に乗るとまたクラクラしてきて次の駅で降りるということを繰り返して、何時間もかかってやっとアパートまでたどり着いたというのが、僕の酒初体験でした。

それからときどきその編集者に誘われて飲みに行くようになり、少しずつ飲めるようになったのですが、飲みに行くとグチばかり聞かされました。中央公論にいたことがあるとか、小説を書いているとか、自慢話のようなことを聞かされるのですが、その裏に知識レベルが低い人を相手にエロ本を作っているというコンプレックスがあるような気がして、僕にはグチとしか思えませんでした。のちに僕がエロ雑誌の編集をやるようになったとき、「あの編集者のようにはなりたくない」と、反面教師にしていたようなところがあります。

酒はある程度飲めるようにはなったのですが、もともと酒が好きではないし、うまく酔えなかったので、宴会というものが苦手でした。それでも誘われるまま飲みに行くことが多くなったのですが、自意識が強いせいもあり、自分だけが浮いているようで、みんなが酔ってグダグダどうでもいいような話をするのを聞きながら「おまえらバカか！」と、さすがに口には出さなかったのですが、心の中で思ったりしていました。そういうこともあって、永沢さんたちと飲みに行ったことは一回もなかったと思います。

永沢さんを意識するようになったのは、永沢さんが会社をやめてフリーライターになって、『ビデオ・ザ・ワールド』（コアマガジン、二〇一三年に廃刊）などの雑誌で連載していたAV女優のインタビュー記事をまとめた『AV女優』（ビレッジセンター出版局、一九九六年〔後に文春文庫〕）という本を出した頃からです。『AV女優』は四十二人のAV女優をインタビューした分厚い本で、永沢さんの文章の才能に驚くとともに、嫉妬《しっと》もしました。この本の最後に大月隆寛《おおつきたかひろ》さんの解説があって、その中で永沢さんの言葉を引用しています。

「僕はエロ本編集者だったから、そういうAVの子とか風俗嬢とか仕事でのつきあいがあるでしょ。すると、よくわかるんだけど、みんな頑張ってるんですよ。あの子たちは決して自分はこうだってことは言わないし、実はヘンな男にひっかかったりもしてるけど、頑張って生きてる。そりゃ生まれ育った条件は、父親がどうとか家庭が複雑とかいろいろあるけど、少なくともそういうところに〝落ちてきた〟なんて感覚はないわけですよ。なのに、AVに出てダメになった女の子たちを私はこんなに温かく見守ってるんですよ、みたいな調子で書いている記事がやっぱり少なくない。なんだあ、これ、と思う」

その言葉通り、永沢さんの『AV女優』のインタビューは、彼女たちがポツポツと語る言葉をていねいに拾い上げ、同情するのではなく彼女たちを応援しているような、真面目で優しい文章でした。僕は真面目に仕事をしていたかもしれないけど、人に対して優しさや思いやりがないんじゃないかと、『AV女優』を読んで教えられました。

その後、永沢さんは作家として次々と本を出します。そのどれもが、弱い人の側に立った文章でした。

永沢さんが仙台にいた小学生の頃、夏の甲子園大会の決勝戦に東北代表の三沢高校と四国の松山商業高校が残り、その試合が始まります。「あれほど瞬《また》きするのももどかしくブラウン管の中で白球の行方を追ったことはない」と永沢さんは書いています。しかし、応援する三沢高校はあっけなく負けてしまいます。

その時からであると思う。私が野球に限らずスポーツにおいて敗者に魅《み》せられるようになったのは。いやそう言うと誤解を招く。私はその試合に、観客というポジションにおいては、スポーツとは勝ち負けが決して最大重要な意味を持つものではないということを教えられた。

それから齢《よわい》を重ねるに従い、——決して負けおしみではありません——人生も勝ち負けではないことも、体で知るようになった。あくまでも勝ち負けにこだわるならば、どのような状況であれ、窓を開けた時にふっと入り込んできた小さな風に気持ち良さを感じられることができれば、その人の人生、勝ちである。

（永沢光雄『声をなくして』晶文社、二〇〇五年〔後に文春文庫〕）

永沢さんはプロ野球も好きで、ひいきのチームはもちろん毎年最下位の近鉄バファローズでした。

その永沢さんが二〇〇二年に下咽頭《かいんとう》ガンになりました。それもかなり重症のようでした。その話を聞いたとき、そんなに親しくもなかったのに、とにかく早くお金を持ってお見舞いに行かないといけないと思い、そのことばかり気になって落ち着かなくなりました。なんであんなにザワザワした気持ちになったのかよくわからないのですが、おそらく永沢さんのことを心配する以上に、永沢さんを「ダメ人間」と決めつけていたことに対する負い目や、永沢さんの才能を見抜けなかったことに対する恥ずかしさや、傲慢《ごうまん》だった自分に対する嫌悪やらが入り混じっていたのではないかと思います。

永沢さんが入院している新宿の東京医科大学病院に行ったのは八月の初めでした。永沢さんがいる病室のドアを緊張しながら開けたら、永沢さんはベッドの上で胡座《あぐら》をかき、見舞いに来た男女二人を前に、ニコニコしながら小さなホワイトボードで筆談していました。入って来た僕をみて「あ、どうも」という表情で小さくお辞儀しました。お金がないはずだからカーテンで仕切られた合い部屋に瀕死《ひんし》の状態でいるのではないかと想像していたので、何か、あっけにとられた感じでした。お見舞いに来ていた男性のほうは僕もよく知っているカメラマンで、彼が小声で「あの女性は永沢さんの昔の恋人ですよ」と教えてくれました。ニコニコしていたのはそのせいだったのでしょうか。

永沢さんはまだガンの手術はしていなかったのですが、呼吸困難になるので喉《のど》に穴を開けられ声が出なくなっていて、「声が出ないって面白いですよ」とホワイトボードに書いて僕に見せました。話せなくなったぶん原稿を書くことが面白くなったのかなと思ったりしたのですが、なんとなく緊張していてその理由は聞かずじまいでした。

枕元に『がんと向き合って』という本が置かれていて、僕がそれにチラッと目をやると、永沢さんは笑いながら「誰が読みますかこんな本」とホワイトボードに書きました。友達が持って来たそうです。僕はお金と一緒に渡そうと思って、以前編集した千石剛賢《せんごくたけよし》さんの『隠されていた聖書　なるまえにあったもの』という本を渡そうと思って持って来ていましたが、なんだか渡しづらい雰囲気になってしまいました（結局置いてきたのですが）。

お見舞いに行ったのはこれ一回切りだったのですが、あんなにザワザワしていた気持ちがなぜかスッキリしていました。その理由もよくわかりませんが、永沢さんが思ったより優雅に、思ったより元気に楽しそうにしていたことも影響していると思います。

それから一ヵ月ほどして、永沢さんの本番の手術が近くなった頃、今度は妻の美子《よしこ》ちゃんがお見舞いに行きました。美子ちゃんは永沢さんと二度ほど会っただけなのに、「引かれるように」お見舞いに行ったそうです。

病室に行くと永沢さんはいなくて、ドアに電話番号を書いた貼り紙がしてあり、その番号に電話すると永沢さんは自宅に戻っていて、「こっちに来ませんか?」と奥さんの恵《めぐみ》さんに言われ、また「引かれるように」その足で新宿二丁目の永沢さんのマンションに行ったそうです。

その日、僕も「来ませんか?」と言われて、永沢さんの自宅に行きました。永沢さんは、喉の穴を指で塞《ふさ》ぐと話せるようになっていて、永沢さん、恵さん、美子ちゃんの三人は、飲みながらにぎやかに話していました。聞くと、病院にいても抗ガン剤が効かないのでやることがないから、三日前に自宅に戻って恵さんと毎日遅くまで飲み歩いているそうです。一週間後に大手術をするというのにムチャクチャだと思いました。

永沢さんは重度のガン患者とはとても思えないくらい元気で陽気でした。「せっかくガンになったんだから」を連発し、せっかくガンになったんだから『BURST』編集長のピスケンを呼ぼうということになり、近くまで来たピスケンを永沢さんと二人で迎えに行きました。その二人だけのとき、永沢さんは「たぶん僕は助からないでしょう」と、まるで他人事《ひとごと》みたいに言いました。助からないと思っているのに、なんでこんなに能天気でいられるのか不思議でした。

せっかくガンになったんだから、今度はゴールデン街で飲んでる友達も呼ぼうということになり、人がどんどん増えていきました。飲みながら、永沢さんが以前テレビ番組に出た、「津山三十人殺し」の犯人の墓参りをするビデオを鑑賞しました。僕らは途中で帰ったのですが、その宴会は朝まで続いたそうです。

永沢さんの手術は、腸を切って食道につなぐ十時間を越す大手術だったようです。あんなにムチャクチャしていたのに手術は成功しました。それから永沢さんに会う機会はなかったのですが、一年経った頃、永沢さんの紹介で白夜書房に入社した大石くんという編集者が突然亡くなり（酒が原因だったようです）、そのお通夜《つや》で永沢さんと会いました。その帰り、みんなで寄った居酒屋で、今度は本当に声が出なくなった永沢さんが、欠勤ばかりしていた大石くんをかばうように、ホワイトボードに「彼はタイムカードを押すのが本当につらかったんです」と書いて僕に見せました。それは、弟のように思っていた大石くんのことを言っているようでいて、自分のことを言っているようにも思われました。それが、永沢さんと会った最後でした。

二〇〇六年の九月、僕は大腸ガンになり手術をしました。永沢さんの手術には足下にも及ばないものでしたが、それでも大腸を十五センチ切ってつなぐという、僕にとって初めての開腹手術でした。初期のガンだったこともあったのですが、永沢さんのあのムチャクチャぶりを見ていたので、不安はまったくありませんでした。

手術は無事に終わり、自宅療養をしているとき、永沢さんが亡くなったという連絡が入りました。永沢さんとはずっと会ってなかったので、ガンが再発したのかと思いましたが、酒による肝機能障害でした。僕は手術後だったのでお通夜には行かなかったのですが、友人たちが大勢集まりビール一六〇本が空になったそうです。

翌日、告別式が行われる新宿二丁目の正受院《しょうじゅいん》に行くと、弔問客《ちょうもんきゃく》が道路まで溢《あふ》れていました。『がんと向き合って』という本を差し入れしたコアマガジンの松沢くんが、永沢さんが亡くなる前日、永沢さんを飲み屋に呼び出して一緒に飲んでいたようで、弔辞《ちょうじ》で「僕が背中を押しちゃったみたいで……」と声を詰まらせながら話していました。永沢さんは、まるで少年の頃に戻ったようなきれいな顔で花に包まれていました。

永沢さんがガンの手術をして退院してからのことは、日記形式の小説『声をなくして』に詳しく書かれています。後遺症は相当なものだったようで、首や肩の痛み、腸を切ったことによる腸閉塞《ちょうへいそく》の苦しみ、周期的に襲ってくるうつ、原稿が書けないことのストレス、それらから逃れるように毎日酒を飲む日々のことが書かれているのですが、つらい日々なのにそれを客観的に見て面白がっているようでもあり、読んでいて思わず笑ってしまうところもある文章です。迫りくる死の影と戦うのではなく、少しずつそれを受け入れて行く毎日だったのではないでしょうか。それは、「緩慢な自殺」ではなかったかと思います。

元気なお婆《ばあ》さんが、孫に「私はね、絶対百二十歳まで生きますからね」と言っているのを聞いたことがあります。「ずいぶん欲張りなお婆さんだなあ」と思ったりしましたが、とにかく長生きしたいというのは、誰もが思っていることなのでしょう。しかし、長く生きるということより、どう生きるかということのほうが大事なのではないかと思ったりします。

永沢さんは四十七年という短い一生でしたが、長生きしようなんてもともと思っていなかったのではないでしょうか。だからこそ、誘われれば飲みに行き、その場にいる人たちと過ごす時間を大切にしていたのではないかと思います。

僕は生きているのではなく、いまは生かされていると思っているので、何歳まで生きようとか考えたことはありません。しかし、もし生きていることが苦しくなったら、自殺はしないと思いますが、お酒か薬かわかりませんが「緩慢《かんまん》な自殺」はするかもしれません。そのときはきっと、死を少しずつ受け入れていった永沢さんのことを思い出すことでしょう。

永沢さんの最後の仕事は、産経新聞に連載していた「生老病死」というエッセイで、その最後の原稿は手紙形式で書かれていて、これが絶筆となりました。

産経新聞文化部　桑原聡《くわはらさとし》様

毎週、私の汚い手書きの原稿を整理して下さって誠に有難《ありがと》うございます。感謝の念に堪えません。

それにしてもつくづく思うのですが、なぜ街の人たちはあんなにも元気なのでしょうか。かつかつと靴音を鳴らして歩き、地下鉄の階段もすいすいと上る。病院の待合室の年配の女性たちだってそうです。待ち時間など気にもせず、患者同士で大声で笑いながら会話に興じている。いったい、どこが病《や》んでいるのでしょう。羨《うらや》ましさを通り越して嫉妬さえ覚えます。

ところで今日の昼過ぎ、私は猛烈な吐き気に目を覚まされました。少しでもその気持ち悪さを楽にできる格好はないかとベッドの上を転げ回ったのですが、吐き気は増すばかりです。ああ、また腸閉塞かという思いが頭をよぎりましたが、今までの経験からしてそこまでは至っていないようです。胃薬を飲みましたが状況は変わりません。これはもう力ずくで眠るに限る。私は今日の夜の分の睡眠薬を口に放り込みました。

けれども、昼間であった為《ため》か、もう長年愛飲している薬の効果がなくなったのか、二時間で目を覚ましてしまいました。私は後者だと思います。

けれども、わずか二時間でも眠ったおかげか、吐き気はなくなっていました。私は安堵《あんど》し、秋の夕暮れの光が入ってき始めた寝室の天井を眺めました。そして、ふと気づいたのです。

隣室に、『死』というものが潜んでいることに。しかし、私はその輪郭のはっきりとしない、ぼんやりとした『死』というものに脅《おび》えることはありませんでした。むしろ、慰められました。これで、やっと楽になれると。

私に自死するつもりはありませんし、多分しないでしょう。けれども『死』が向こうからやってきたら甘んじて受けるつもりです。これからやりたい仕事はいろいろありますが、仕方ありません。ただ残した妻にいろいろな厄介《やっかい》をかけることだけに罪悪感を覚えてます。
今週末、心臓の検査で大学病院へ行きます。死の影に慰められた人間が、生きる為にだるくて重い体をひきずって病院へ行くのです。なんと滑稽《こっけい》なことでしょう。だから、人間は面白いのかもしれません。
桑原さん。これからも私に限りがくるまで、なにとぞよろしくお願い致します。

永沢光雄

(2006/11/03)

(永沢光雄・永沢昌子『神様のプレゼント』産経新聞出版、二〇〇七年)

病気と自殺

人間の体はいろんな危険信号を発しているのだと思います。頭がズキズキするとか、胃が痛いとか、そういうわかりやすい信号もあるし、微妙なわかりづらい信号もあります。

二〇〇六年の九月の初めの頃です。いつも負けてばかりのパチンコですが、そのときは五万円も勝って、嬉しくてウキウキしながらパチンコ店を出たら、少しフラフラして真《ま》っ直《す》ぐ歩けないのです。前方から人が歩いて来ると、その人の引力に引かれ、そっちのほうにフラフラ寄って行きます。最初はパチンコのやり過ぎだと思っていました。しばらくして、そのフラフラは収まったので、いつもならそのまま何もなかったように忘れてしまうのですが、そのときはフラフラがちょっと気になって、病院に行ってみようと思ったのでした。ひょっとして頭の中で出血でもしてるんじゃないかと思ったのです。

　次の日に行きつけの病院に行って、院長先生にわけを話すと、小さなトンカチで僕の体のいろんなところを叩《たた》いて、「心配ないと思うけど、一応頭のＭＲＩを撮りましょう。それと人間ドックでもやりますか？」と言うので、しばらくやっていなかったからこれを機会にやってもらうことにしたのでした。

　人間ドックの日、胸、首、腰のレントゲン撮影、内臓の超音波検査、採血と続き、検査の大物、胃カメラの番がきました。ベッドに寝かされ、栄養剤の点滴を打ってもらったあと、今度は麻酔の点滴が取りつけられ、「じゃあ、お薬入れますね」と言われ、点滴が麻酔のほうに切り替わった瞬間、意識がスーッとなくなりました。目が覚めると検査は終了していて、そのままベッドに寝かされました。

　後日、今度は大腸カメラです。下剤を飲んでお腹の中を空っぽにしているので栄養剤の点滴を打ってもらい、いよいよ全身麻酔の出番です。

「いよいよ」というところに僕の期待がこもっています。全身麻酔というものを胃カメラのとき初めて経験して、全身麻酔が楽しみになっていたからです。点滴で麻酔薬が入った瞬間、意識がスーッとなくなっていくときがたまらなく気持ちいいのです。ほんの四秒か五秒ぐらいだと思いますが、全身の緊張がすべて取れ、安らぎの世界に入って行くような感じなのです。少しでも長くその状態を楽しもうと思って、「お薬入りますよ」と言われた瞬間、意識を集中してなるべく長引かそうとしたのですが、胃カメラのときと同じように、四、五秒で気持ち良く意識がスーッとなくなりました。

おそらく死ぬ瞬間もこういう感じなのではないでしょうか。僕は自殺はしないほうがいいというようなことを書いているぐらいですから、死にたいと思っているわけではありませんが、遅かれ早かれ肉体の死はすべての人に訪れます。それが苦しいものなら、どんなに楽しい生活をしていても、最後は苦しんで死んでいくという恐怖があります。しかし、ここから先は憶測ですが、死ぬとき気持ち良くなるように人間はできているのではないかと思っています。そう考えると、死はそんなに怖いものでもなくなります。怖いのは「無」になってしまうという思考のほうですが、そんなことも死の直前にはスーッと消えるような気がします。

一週間ほどして院長先生から電話がありました。電話を受けたのは妻の美子ちゃんで、美子ちゃんの話によると、頭のほうは異常がないけど大腸にポリープが二つあって、一つのほうは良性だけどもう一つのほうが「顔が良くない」と院長先生が言ったそうで、美子ちゃんが「顔が良くないというのはガンということですか？」と聞いたら、そうだと言ったそうです。その話を美子ちゃんから電話で聞いたとき、ちょっと恥ずかしいのですが「僕をガンにしないでくれ」と言ったそうです。たぶんあわてたのでしょう。まさか自分がガンになるなんて思ってもみなかったことでした。

現代人の二人に一人はガンになると言われています。二分の一の確率ですから、自分に当たっても不思議ではありません。なのに、なぜ自分はならないと思っていたかと言うと、漠然とですが、自分の体を過信していたからだと思います。子供の頃、疫痢《えきり》になって死にそうになったことはありましたが、それ以来、かなり無理をしていても病気らしい病気はしたことがありません。

三十代の頃は、三日に一回ぐらい徹夜をしていました。仕事も忙しかったのですが、不倫のほうも忙しくて、眠くて眠くて、会社で打ち合わせしていても、何を話したかまったく覚えてないこともしょっちゅうありました。

四十代は主にギャンブルで忙しく、昼間はパチンコばかりやっていたので、仕事が夜にずれ込んでやはり徹夜が多くなります。麻雀《マージャン》もよくしていて、二晩徹夜でやったこともあります。もともと酒は強くないのですが、友達と朝まで飲むこともたまにあって、そういうときは、ある瞬間からいくら飲んでも酔いません。その代わりにお腹が冷たくなって、最後は必ず吐きます。そういう無理がたたったのでしょうか。

数日後、美子ちゃんと一緒に病院に行き、大腸検査をしてくれた先生から手術の方法を聞かされました。ガンはまだ初期の可能性が高く、内視鏡で取る方法もあるけど、それで取れるかどうかは再検査しないとわからないし、内視鏡だとリンパへの転移は調べられないということでした。

確実なのは開腹手術だと言うのですが、生まれてこのかた手術というものをやったことがないので、腹を切られるのは怖いなあと思っていたら、美子ちゃんがいきなり「切ってください」と言います。僕は「えっ！」と思いました。切られるのは僕のほうです。勝手に決めないでくれと。しかし、確実なほうがいいということになり、結局開腹手術でガンを取ることにしたのでした。

歩くとフラフラしたのは、ガンのところに出血があって貧血になったからじゃないかとその先生は言うのですが、あのフラフラ信号を見逃していたら、末期ガンまで進行していた可能性もあります。体に無頓着《むとんちゃく》だったのに、あのときだけ気になったのはなぜなのか、予感のようなものがあったのかもしれません。

三年前に永沢光雄さんがガンになって、テンションが上がっていたのを知っているので、僕も少しは上がるかなと思ったりしたのですが、テンションが上がったのは僕ではなく、美子ちゃんのほうでした。「みんなに心配掛けるからガンのことは内緒にしておこうね」と自分から言っていたくせに、友達に電話しまくり、「末井がガンになっちゃって」と言いふらしたので、僕がガンになったことがみんなに知れ渡りました。胃潰瘍《いかいよう》になったとか痛風《つうふう》になったとかより、ガンはやはり迫力が違います。みんなに「ガンになったぞ」と威張る気持ちも少しありましたが、ついに貧乏クジを引いてしまったという、恥ずかしい気持ちもありました。

しばらくして、大腸検査をしてくれた先生のいる大学病院に入院させてもらうことが決まりました。手術もその先生がやってくれるそうです。その先生は僕の行っている病院に週一で来ていたのですが、本家の大学病院では週に三回ぐらい手術をしているそうで、それだけやっていれば慣れているから大丈夫だろうと安心しました。

入院前に大学病院に行き、全身麻酔のオリエンテーションを受けました。また僕の好きな全身麻酔です。しかし、脊髄《せきずい》に麻酔の注射をするＤＶＤを見せられ、それがちょっとむごたらしい感じで、アメリカの薬物注射による死刑を思い出したりして、ひょっとして意識が戻らないこともあるのかなとチラッと思ったりしました。

入院の日は快晴で、妙にワクワクした気分でした。生まれて初めての長期入院です。キャリーバッグに荷物を詰め込んでいると、旅行にでも行くような気分になります。

病院に行き、受付で入院の手続きをし、「係の者が参りますから」と言われたので、一緒に来てくれた美子ちゃんに「和服の仲居さんが来るといいね」とか冗談を言っていると、本当に旅館のハンテンが似合いそうな中年の男性が現れ、「お荷物お持ちします」とは言わなかったけど、九階の病室に案内してくれました。案内された部屋はナースステーションのすぐそばのこじんまりした個室で、風呂はついていないものの、景色も良くて快適そうでした。

看護師のみなさんはすごく優しくしてくれて、なんだか自分が世界の中心にいるような気分になって、憂うつな気持ちには一度もなりませんでした。

看護師さんの他に、インターンの女の子が僕についてくれることになり、毎日話し相手になってくれました。僕の手術が終わると、今度はホスピスに実習に行くと言います。いいカリキュラムだと思いました。死にゆく患者さんの世話をすれば優しい気持ちを持ち続けられ、きっといい看護師さんになるんじゃないかと思いました。

次の日、男女五人の医師団が部屋に入って来て、僕の周りを取り囲み、「われわれが見守りますから」と言います。五人で手術をするわけではなく見守るだけだから、おそらくインターンの学生さんでしょう。「見守る」という言葉に、五人に見守られて死んでいくイメージが、チラッと脳裏をかすめました。

入院三日目で、執刀する先生から手術の説明がありました。腹部を三箇所切り、腸をお腹の上に出し、ガンのある盲腸あたりを切り取り、小腸と大腸をホッチキスのようなものでつなぐそうで、切り取る大腸は十五センチぐらいだと言います。僕は切り取られるのはほんの数センチだと想像していたので、思ったより派手な手術だということがわかり、もう手遅れだけど内視鏡で取るほうが良かったかもしれないとチラッと思ったりしました。

次の日、いよいよ手術です。朝早く来た美子ちゃんに「頑張ってね」と励まされ（何を頑張ればいいのか？）、手術用のガウンに着替えて、インターンの女の子と手術室に向かいました。手術室に入ると麻酔科の医師たちが待っていて、ストレッチャーに乗せられ、横向きにさせられ、脊髄に麻酔薬を入れる点滴の針を刺されました。酸素吸入のマスクがつけられ、「いまから麻酔を入れますよ」と言われたとたんスーッと意識がなくなりました。

気がついたのは四時間後で、看護師さんや美子ちゃんに見守られ、病室のベッドに寝かされていました。まるでタイムトリップしたみたいな感じです。体にいくつか管が取りつけられています。お腹に少し痛みがありましたが、「痛くなったらここを押してくださいね」と看護師さんに言われて、手元のスイッチのようなものを押すと、点滴から麻酔が入ってきて痛みがスーッと消えます。お腹を見ると、確かに縦に切られていて、ホッチキスのようなもので止められていました。

美子ちゃんは、切り取られた大腸を見せられたそうで、バットに入れられた腸を写真に撮ったそうです。余談ですが、その年の暮れ、美子ちゃんはその写真を年賀状にしてみんなに送りました。大胆なことをすると思ったのですが、案の定《じょう》、正月からなんというものを送ってくるんだというお叱りの葉書が匿名《とくめい》で届いたりしました。

腸閉塞《ちょうへいそく》の予防にもなるし、早く退院できるから、なるべく散歩するようにと言われていたので、翌日から麻酔の点滴をガラガラ押しながら、病院内を歩き回りました。

それまで何人かの方々がお見舞いに来てくれたのですが、来てくれる人に申し訳ないしこちらも気を遣うので、ごく親しい人にしか病院を教えていませんでした。仲の良かった『BURST』の編集長のピスケンから「病院教えてよ」と電話がありましたが、ピスケンだけには断固教えないと決めていました。

永沢光雄さんが入院しているとき、ピスケンが真夜中に彼女を連れてお見舞いに来たそうです。寝ている永沢さんが目を覚ますと、自分を見つめている二つの顔があり「ね、こんな不幸な人もいるんだから」とピスケンは彼女に言っていたそうです。どうも喧嘩《けんか》をしたあとだったらしく、仲直りのためにお見舞いに来たんじゃないかと、永沢さんは言っていました。しかも、帰りに廊下に小便をして帰ったそうです。ピスケンに教えたら大変な事になるのです。

イラストレーターの渡辺和博《わたなべかずひろ》さんは、同じ病院で肝臓ガンの手術をしていたので、病院のことを聞くため電話したのですが、「そこの医者は腕がいいから大丈夫だよ」と励ましてくれました。

渡辺さんはときどきその病院に検査に来ているようで、来たついでに僕の部屋に寄ってくれて、二人で「あれはすごいね」「タイムトリップだね」と、全身麻酔の話で盛り上がりました。渡辺さんは手術のとき、恐怖心をなくすため、麻酔と一緒にアッパー系の粉も入れてもらったようで、それが結構「効いた」と言っていました。

そういう入院の体験を書いた渡辺さんの『キン・コン・ガン！』（二玄社、二〇〇四年〔後に文春文庫〕）は、僕の入院入門書でもありました。渡辺さんは「末井さんは大丈夫だよ、元気になるよ。僕はずっとこのままだけど」と言うので、「それも面白いんじゃない？　病人の目線で世の中を見たら面白いと思うけど」と無責任なことを言いました。渡辺さんは「そうだね」と言いましたが、あとになってわかったことですが、渡辺さんはこの頃ガンが再発していたようです。

僕は医師に言われたことを守り、毎日欠かさず散歩したおかげで、腸閉塞にもならず、手術後十日間で退院することができました。

退院の日も快晴で、名残惜《なごりお》しかったのですが、看護師さんたちにお別れとお礼の挨拶をして、会計をすませて外に出ました。入院中自分が死ぬなんて考えたことはなかったのですが、やはり病院にいると死の影がチラチラ見えてきます。それから解放されたことと、自分の体を取り戻したことが嬉しくて、迎えに来てくれた美子ちゃんと、タクシーの中ではしゃいでいました。

ガンになって思ったことは、無理がきかない体になったということです。それを警告してくれたのがガンで、ガンを告知してくれたのがフラフラでした。初期のガンだったから言えることですが、ガンになっても、あるいは違う病気になっても、それは自分の体のことを考え直す機会を与えてくれたことだと思えば、そんなに悲観することでもないと思います。それを機会に生活態度をあらためればいいのです。

それと、病気になると生きていることをいとおしく思うと言うか、生かされていることに感謝する気持ちが生まれてきます。

それまで僕は、どこか健康を馬鹿にしていたようなところがありました。酒を飲んだり、薬をやったり、夜更《よふ》かししたりするほうがカッコいいように思っていたのですが、退院したときは本当に嬉しくて、与えられた体を大事にしようという気持ちが湧いてきました。

毎朝六時前には起きて、近くの公園を散歩しました。六時過ぎになると、どこからともなく老人たちが公園の広場に集まって来て、持ち寄ったラジオを一斉にかけてラジオ体操をしていました。以前ならその老人たちを「そんなに長生きしたいのか」と馬鹿にしていたかもしれませんが、なんだかそれがほほえましくて、僕もうしろのほうで老人たちと一緒にラジオ体操をしていました。

僕のガンは初期だったのですぐに病院から帰って来ましたが、帰って来られなかった友達も何人かいます。

お見舞いに来てくれた渡辺和博さんは、僕が退院したあとしばらくして、僕と入れ替わるように同じ病院に入院しました。僕がお見舞いに行ったときはもう話せる状態ではなく、目だけギョロギョロさせていました。亡くなったのはその三日後です。

懇意《こんい》にしていたパチプロの田山幸憲《たやまゆきのり》さんも、入院先の病院でガンで亡くなりました。『パチンコ必勝ガイド』を出すことになって、知り合いから「東大中退のパチプロがいる」と聞いて、インタビューしに行ったのが田山さんとの出会いでした。

池袋の喫茶店で会って、最初に「パチプロになるにはどうしたらいいんですか?」と聞いたら、下を向いてボソボソと「パチプロなんかになるもんじゃない。社会に何も貢献してないんだから」と言うので、「あれっ?」と思いました。その頃は、パチプロなんて我が強くて人を押しのけてでも自分が勝とうとする連中、ぐらいにしか思ってなくて、自慢話でも聞かされるんだろうなと思っていたのですが、「こんな人もいるんだ」と思って、パチプロに対するイメージがガラッと変わりました。「社会に何も貢献してない」と言うことは、「社会に貢献したくてもできない」ということの裏返しです。田山さんもしばらくサラリーマンをやったことがあるらしいのですが、勤まらなかったようです。そういう社会から弾き出された人たちがパチプロになっているんじゃないかと思うようになって、それが『パチンコ必勝ガイド』を作る上での心の支えになりました。

田山さんの一日の稼ぎは六千円ぐらいで、酒が飲めればいい、それ以上稼ぎたくないという人でした。四時頃になるとパチンコをやめて、仲間と飲みに行くのが習《なら》わしでした。

僕は初対面で田山さんが好きになって、毎月会いたいから「パチプロ日記」という連載を頼みました。それを読んだ若いパチプロたちが、田山さんを慕《した》って集まってきました。

田山さんがガンになって入院したときは、よくみんなでお見舞いに行き、喫煙所で煙草をスパスパ吸いながら話していました。一度目のガンは治って、みんなで喜んでいたのですが、数年後ガンが再発しました。親が死んでも泣いたことはなかったのですが、訃報《ふほう》を聞いたときは涙が止まりませんでした。

親しい人が亡くなるのは本当に悲しいものです。

自殺の一番の原因は病苦だそうですが、たとえつらくても、生きているのではなく生かされていると思って、自分で自分を殺すことだけはやめて欲しいと思います。でないと、残された人たちにさらに悲しみを残すことになります。

病気になってつらかったり、周りに迷惑を掛けてるとか、何もできないと思ったりしても、永沢光雄さんが書いているように「窓を開けた時にふっと入り込んできた小さな風に気持ちよさを感じられることができれば」命があることを喜べるのではないかと思います。

僕も一度ガンになっているので、いつかまた再発して、「もう諦《あきら》めてください」と言われるときが来るかもしれません。死ぬときはいつ来るのか、死ぬ瞬間はどんなものか、それを最後の楽しみに取っておきたいと思います。

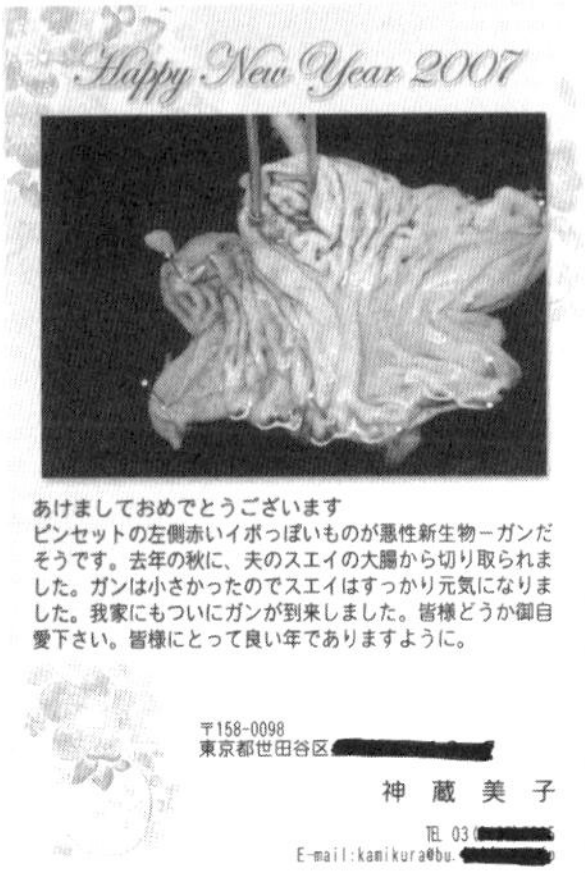
Happy New Year 2007

あけましておめでとうございます
ピンセットの左側赤いイボっぽいものが悪性新生物ーガンだそうです。去年の秋に、夫のスエイの大腸から切り取られました。ガンは小さかったのでスエイはすっかり元気になりました。我家にもついにガンが到来しました。皆様どうか御自愛下さい。皆様にとって良い年でありますように。

〒158-0098
東京都世田谷区[redacted]
神 蔵 美 子
TEL 03[redacted]
E-mail:kamikura@bu.[redacted]

迷っている人へ

母親がダイナマイト心中したのは、僕が七歳のときでした。まだ子供だったので、悲しいとも思わなかったのですが、このとき心の中にポッカリ空洞ができたように思います。

喪失感というか、虚無感というか、何かいつも寂しい感じがまとわりつくようになりました。いつも孤立した感じがしていて、みんなの中に溶け込めない、いつも人と距離を取るような子供になっていました。今様《いまよう》に言えばネクラで、そう思われるのが嫌なので努めて明るく振る舞っていたように思います。

学校から帰るとよく一人で山に登っていました。山の上に寝っ転がって、空ばかり眺めていました。山の上は空が広く、雲は人間の顔に見えたり動物に見えたり怪物に見えたり、形が刻々と変化していくので、いくら見ていても飽きることがありません。その流れる雲の行く先に、いずれ自分が行くところがあるんだろうなと、漠然と思っていました。

中学生になると、山でオナニーなどするようになりました。女の人のようなクネッとした太目の木を見つけ、まずその木に抱きつき、そして草いきれの中、空を見上げながらオナニーに没頭します。射精の瞬間は、自分が宇宙と一体化したようになり、ものすごい快感が体を貫きます。

以前、同じ岡山出身の岩井志麻子《しまこ》さんと対談したとき、「最初の恋人は木でした」と言って笑ってもらったことがありますが、これを孤独と言っていいのかどうか自分でもわかりません。

村はどこの家も貧しかったのですが、それなりに平和だったようで、巡査がピストル自殺したという言い伝え以外に、自殺の話を聞いたことは一度もありません。当然、母親の心中事件は村中で大騒ぎになりました。しかも母親は隣の家の息子を道連れにしたわけですから、とんでもない女だと思われても仕方がありません。情報の少ない村ですから、当分はその話題で持ち切りだったのではないでしょうか。同情してくれる人もいましたが、忌《い》まわしいものを見るような目で見られることもありました。

母親の墓から数えて五つ前の墓に入っている先祖は、二十代のとき池に飛び込んで自殺したと親戚の人から聞かされました。それ以来、わが家は呪われているのではないか、ひょっとして自分も自殺する運命にあるんじゃないかと思うようになりました。

自殺という言葉を聞くたびにビクッとして、話が自分のことに及ぶんじゃないかとビクビクしていました。

二十代の半ば、出版社に勤めながら詩を書いている友達がいて、ときどき喫茶店で会って吉本隆明《よしもとたかあき》の話を聞いたり、その友達が主宰している同人誌の表紙のデザインを頼まれたりしていたのですが、ある日突然、その友達が首吊《つ》り自殺しました。そういう素振《そぶ》りがまったくなかったので、悲しむ前に驚きました。自殺の原因はよくわからなかったのですが、人は突然自殺することがあるんだと思い、自分もそういうときが来るかもしれないと思って怖くなりました。まだ自分の中に自殺に対する恐怖心があったのではないかと思います。

その頃は、自分を表現することに固着するようになっていて、エロ本でドロドロした暗い絵ばかり描いていました。その絵を見るとその頃の自分を思い出し気持ちが暗くなるので全部捨ててしまいましたが、いま思えば、それがカタルシスになっていたのではないかと思います。おそらく、子供のとき満たされなかった自我が、このとき一気に爆発したような気がします。

稚拙《ちせつ》な絵しか描けないのに、気分は一端《いっぱし》の表現者で、母親が自殺したということは自分が表現者に選ばれたということだと、だんだん傲慢なことを思うようになっていました。しかし、そう思うようになって、自殺に対する恐怖心が薄らいだのは事実です。

母親の自殺の話は、自分を理解してくれそうな一部の人にしか話さなかったのですが、編集者になって、篠原勝之さんに話してウケたので、それからはわりと平気で話せるようになりました。

三十代半ばの頃、北宋社《ほくそうしゃ》の高橋丁未子《てみこ》さんから本を書かないかと言われ、半自伝的な『素敵なダイナマイトスキャンダル』(一九八二年〔二〇一三年に復刊ドットコムで復刊〕)という本を書いたのですが、最初っからいきなり母親のダイナマイト心中のことを書いています。

芸術は爆発だったりすることもあるのだが、僕の場合、お母さんが爆発だった。最初は派手なものがいいと思って、僕の体験の中で一番派手なものを書いているのであるが、要するに僕のお母さんは、爆発して死んでしまったのである。と言っても、別にお母さんが爆発物であったわけではない。自慢するわけじゃないが、お母さんはれっきとした人間だった。

正確に言うと、僕のお母さんと近所の男の人が抱き合って、その間にダイナマイトを差し込み火を付けたのであった。ドカンという爆発音とともに、二人はバラバラになって死んでしまった。

いま読むとまるで自慢話ですが、自慢話のように書いたり話したりできるようになって、すごく楽になりました。

工場で働いたり、キャバレーで働いたり、ピンクサロンの看板屋になったり、エロ本で絵を描いたり、エロ本の編集者になったり、ずっと社会の底辺のようなところを彷徨《さまよ》っていて、カッコ良く生きる人たちを横目で見ながら、自分はなんてダサい田舎者なんだろうと思っていたのですが、そういう話も原稿に書いたりするとみんなが面白がってくれることがわかって、暗くなりがちな自分の体験も明るく話せるようになりました。

表現するということは、自分の体験をフィクション化することで、そうすることによって、心に棘《とげ》のように刺さっていたものが取れていくような気がします。社会的にはマイナス要素のようなことでも、それでみんなに笑ってもらったりすればプラスに転化できるのです。

母親のことも、いまでは僕の中にある映画の主人公みたいになっています。

母親の自殺が棘になっていた頃は、身勝手な母親を恨《うら》む気持ちもありましたが、いまはいとおしく思います。十二月の寒い中、着の身着のままで家を飛び出し、何日か山の中に潜んでいる間に何を考えていたのだろうか、死ぬことを迷っていたのか、それとも相手の男が迷っていたのか、いずれにしてもつらかっただろうなと思って可哀想《かわいそう》になります。

この連載を始めて、自殺した人たちのことをあれこれ想像するようになりましたが、いつも母親のことを重ね合わせていたように思います。母親のことを想うように、自殺していく人がいとおしく可哀想でなりません。僕は自殺する人が好きなんじゃないかと思います。

自殺する人は真面目で優しい人です。真面目だから考え込んでしまって、深い悩みにはまり込んでしまうのです。感性が鋭くて、それゆえに生きづらい人です。生きづらいから世の中から身を引くという謙虚な人です。そういう人が少なくなっていくと、厚かましい人ばかりが残ってしまいます。

厚かましいというのは僕自身のことでもあり、感性が鈍くて図々しいから僕はこれまで生きられたのではないかと思っていて、自殺する人に対してコンプレックスを持っているような気がします。

本当は、生きづらさを感じている人こそ、社会にとって必要な人です。そういう人たちが感じている生きづらさの要因が少しずつ取り除かれていけば、社会は良くなります。取り除かれないにしても、生きづらさを感じている人同士が、その悩みを共有するだけでも生きていく力が得られます。だから、生きづらさを感じている人こそ死なないで欲しいのです。

もしいまあなたが、自殺しようかどうしようか迷っているのでしたら、どうか死なないでください。そこまで自分を追い込んだらもう充分です。あなたはもう、それまでの自分とは違うのです。いまがどん底だと思えば、少々のことには耐えられます。そして、生きていて良かったと思う日が必ず来ます。

それでも自殺を思い留まることができなかったら、とりあえず明日まで待ってください。その一日が、あなたを少し変えてくれます。時間にはそういう力があります。ほんの少し、視点が変わるだけで、気持ちも変わります。そして、いつか笑える日が来ます。

きっと――。

あとがき

『自殺』を書くことが生きがいのようになっていましたが、この「あとがき」を書いたらそれも終わりで、少し寂しい気持ちです。

自殺しようとしている人に、拙《つたな》い僕の文章が届いたかどうかわかりませんが、ほんの少しでも心が動いてくれたら嬉しいです。「こんなバカな人間がいる」と思って笑ってもらえれば、さらに嬉しいです。

僕も母親を初め、何人かの知り合いが自殺していますが、親しい人の自殺は本当につらいものです。この本がそういう方々の慰めに少しでもなればという思いもあります。

ブログで連載してた頃から、ツイッターで多くの方々に励ましてもらいました。褒《ほ》められると頑張り、けなされるとやる気がなくなる単純な性格なので、最後まで書けたのは励ましていただいた方々のおかげだと思っています。ありがとうございました。

これまで、いろんな方々にお世話になりこの本を完成させることができました。いろいろ思い出に残っていることがありますが、青木ヶ原樹海に行ったことは、たぶんいつまでも忘れないでしょう。遺体を発見することはできなかったのですが、やはり「現場」に行くとただならぬ気配というものを感じるものです。樹海を案内していただき、インタビューにも応じていただいた早野梓《あずさ》さん、ありがとうございました。この頃、毎朝近くの公園を散歩しているのですが、木の枝に誰かがぶら下がっているのではないかと思って、キョロキョロしながら歩いています。これも樹海に行った後遺症かもしれません。

青木麓《ふもと》さんとは、親が心中したという同じ境遇なのでインタビューさせてもらいましたが、いま読み返してみると、孤独を楽しんでいるようなところがあって、それが僕と似ているように思いました。孤独は悪いことではなく、その人の内面を豊かにしてくれることもあります。麓さんは「彼氏」と結婚して、婚姻届の保証人に僕がなったので、何か親戚になったような気もしています。

吉岡尚文《なおふみ》さんには、検案にまつわる貴重なお話を聞かせてもらいました。県庁に直訴《じきそ》に行くようには見えない穏やかな方で、ぶしつけな質問にも笑いながら答えてくれました。

その後秋田には行ってないのですが、秋田県はいまも憂鬱なのでしょうか。
月乃光司《つきのこうじ》さんが主催している「ストップ！自殺～それでも私たちは生きていく～」というイベントを観たのも貴重な経験でした。それを観たあと、月乃さんをインタビューさせていただいたのですが、それが縁で二回目の「ストップ！自殺～はいつくばっても生きていこう～」にゲストで出させてもらいました。自殺未遂もしてないのに出ていいのかなと思ったのですが、母親がダイナマイトで心中したと言ったら、みなさん笑ってくれたので安心しました。月乃さんのイベントは、生きづらい人たちがステージで自分をさらけ出すものです。さらけだすことで自分が解放され、それを観て笑ってる人の心も解放されるということを教えてもらいました。

最後になりましたが、素敵な装丁をしていただいた鈴木成一さん、岩田和美さん、カバーに可愛いムンクの「叫び」を描いていただいた大竹守さん、細かい修正を何度もしていただいたＤＴＰの濱井《はまい》信作さん、ありがとうございました。鈴木成一さんにはお世話になっていて、この本に出てくる千石剛賢《せんごくたけよし》さんの『隠されていた聖書　なるまえにあったもの』、田山幸憲《ゆきのり》さんの『パチプロ日記』の装丁もしてもらっています。

いとうせいこうさんの「おなかを下から支えてくれる」という帯文にも励まされました。西原理恵子さんには毎度お世話になっていて、今回も帯文というか、帯絵を描いていただきました。西原さんのお父さんも自殺していて、西原さんとは自殺つながりでもあります。

それから、すごく励みになる助言をいただいた朝日出版社の赤井茂樹さんに感謝しています。

担当の鈴木久仁子さんは、毎回原稿を送るとすぐ読んでくれて、いつも「些細《ささい》なことですが」と前置きして、わかりづらいところやつまらないところを指摘してくれました。十回ぐらい書き直しして目が回ったこともあります。柔らかく厳しい編集者だなと思いました。僕が一人で書いたというより、鈴木さんと一緒に書いたような気がしています。ありがとうございました。

そして、やはり母に感謝しないといけませんね。この本が書けたのも、母のおかげだと思っています。

みんな死なないでくださいね。生きてて良かったということはいっぱいあるんだから。

二〇一三年十月

末井 昭

参考文献

・末井昭「見て見ぬふりせず死者悼め」朝日新聞、二〇〇九年十月八日
・永山則夫『無知の涙』合同出版、一九七一年（のちに角川文庫／河出文庫）
・森口朗『いじめの構造』新潮新書、二〇〇七年
・ひろさちや『生きづらさの正体 世間という見えない敵』日本文芸社、二〇一一年
・『Fukujin No. 15』白夜書房、二〇一一年
・『東日本大震災100人の証言 AERA緊急増刊号』朝日新聞出版、二〇一一年四月十日号
・山浦玄嗣『「なぜ」と問わない』日本キリスト教団出版局、二〇一二年
・【水平線の向こうに】刊行委員会『水平線の向こうに』風塵社、二〇〇五年
・松永伍一『一揆論』大和書房、一九七一年
・末井昭『パチプロ編集長』光文社、一九九七年
・中村裕文『田中健二郎の馬読み』白夜書房、一九九七年
・吉岡尚文『秋田県の憂鬱』秋田大学医学部法医学教室、一九九二年
・吉岡尚文『秋田県はまだ憂鬱』秋田大学医学部法医学教室、一九九七年
・吉岡尚文『秋田県はいまも憂鬱』秋田大学医学部法医科学分野、二〇〇七年
・早野梓『青木ケ原樹海を科学する』批評社、二〇〇六年
・鶴見済『完全自殺マニュアル』太田出版、一九九三年
・深沢七郎『楢山節考』中央公論社、一九五七年（のちに新潮文庫）
・神蔵美子『たまもの』筑摩書房、二〇〇二年
・月乃光司『窓の外は青』新潟日報事業社、二〇〇一年
・月乃光司『家の中のホームレス』新潟日報事業社、二〇〇四年
・月乃光司『心晴れたり曇ったり』新潟日報事業社、二〇〇九年
・千石剛賢『父とは誰か、母とは誰か』春秋社、一九八六年
・千石剛賢『隠されていた聖書 なるまえにあったもの』太田出版、一九九二年
・『MABO』少年出版社、一九八七年七月号
・末井昭『絶対毎日スエイ日記』アートン、二〇〇四年
・永沢光雄『AV女優』ビレッジセンター出版局、一九九六年（のちに文春文庫）
・永沢光雄『声をなくして』晶文社、二〇〇五年（のちに文春文庫）
・永沢光雄＋永沢昌子『神様のプレゼント』産経新聞出版、二〇〇七年
・渡辺和博『キン・コン・ガン！』二玄社、二〇〇四年（のちに文春文庫）
・末井昭『素敵なダイナマイトスキャンダル』北宋社、一九八二年（のちに角川文庫／ちくま文庫）
・清水康之＋湯浅誠『闇の中に光を見いだす』岩波書店、二〇一〇年
・中村淳彦『名前のない女たち最終章 セックスと自殺のあいだで』宝島社、二〇〇九年
・岡檀『生き心地の良い町 この自殺率の低さには理由がある』講談社、二〇一三年
・『現代思想』青土社、二〇一三年五月号
・『聖書』日本聖書協会、一九五八年
・『聖書 新改訳』いのちのことば社、二〇〇二年
・『新改訳 新約聖書』日本聖書刊行会、一九九九年
・『新契約聖書 新改版』基督教文書伝道会、一九九二年

末井昭　すえい・あきら

一九四八年、岡山県生まれ。工員、キャバレーの看板描き、イラストレーターなどを経て、セルフ出版(現・白夜書房)の設立に参加。『ウイークエンドスーパー』、『写真時代』、『パチンコ必勝ガイド』などの雑誌を創刊。二〇一二年に白夜書房を退社、現在はフリーで編集、執筆活動を行う。主な著書に『素敵なダイナマイトスキャンダル』(北宋社/角川文庫/ちくま文庫/二〇一三年に復刊ドットコムから刊行予定)、『絶対毎日スエイ日記』(アートン)、『純粋力』(ビジネス社)、『天才アラーキーの良き時代』(編集、荒木経惟氏著、バジリコ)、『パチンコからはじまる○×△な話』(山崎一夫氏、西原理恵子氏との共著、主婦の友社)がある。

平成歌謡バンド・ペーソスのテナー・サックスを担当。

HP:http://deco-tokyo.com/sueiakira/sueiakira.html

自殺

二〇一三年十一月一日　初版第一刷発行

著者　末井《すえい》　昭《あきら》

ブックデザイン　鈴木成一デザイン室

装画　大竹守

DTP　濱井信作(compose)

企画・編集協力　赤井茂樹(朝日出版社第二編集部)

編集担当　鈴木久仁子(朝日出版社第二編集部)

発行者　原　雅久

発行所　株式会社　朝日出版社

〒一〇一-〇〇六五　東京都千代田区西神田三-三-五

電話　〇三-三二六三-三三二一

FAX　〇三-五二二六-九五九九

http://www.asahipress.com/

印刷・製本　図書印刷株式会社

ISBN978-4-255-00750-2 C0095